论济贫法

[法] 托克维尔（Alexis de Tocqueville） 著

吕 鑫 编译

清华大学出版社

北京

图书在版编目（CIP）数据

论济贫法/(法)托克维尔著；吕鑫编译.—北京：清华大学出版社，2023.8
ISBN 978-7-302-64504-7

Ⅰ.①论… Ⅱ.①托… ②吕… Ⅲ.①社会救济—行政法—研究—英国
Ⅳ.①D956.121

中国国家版本馆 CIP 数据核字(2023)第 157550 号

责任编辑：朱玉霞
封面设计：徐　超
责任校对：王凤芝
责任印制：丛怀宇

出版发行：清华大学出版社
　　　网　　　址：http://www.tup.com.cn，http://www.wqbook.com
　　　地　　　址：北京清华大学学研大厦 A 座　邮　　编：100084
　　　社 总 机：010-83470000　　　邮　　购：010-62786544
　　　投稿与读者服务：010-62776969，c-service@tup.tsinghua.edu.cn
　　　质量反馈：010-62772015，zhiliang@tup.tsinghua.edu.cn
印 装 者：三河市东方印刷有限公司
经　　销：全国新华书店
开　　本：140mm×210mm　印　　张：4.875　字　　数：102 千字
版　　次：2023 年 8 月第 1 版　印　　次：2023 年 8 月第 1 次印刷
定　　价：89.00 元

产品编号：104070-01

译者序:超越济贫法

　　亚历克西斯·德·托克维尔(*Alexis de Tocqueville*)作为法国最重要的政治哲学家之一,以对美国的"民主"和法国的"(旧)制度"所作的杰出研究而广受赞誉。但在彼时的法国与美国之间,横亘着一个当时最为强大而令人无法忽视的国家——英国。这就难免会使得人们提出以下疑问:托克维尔为何舍近求远去探讨更为遥远的美国,而非海峡对岸更为邻近的英国呢?

　　事实上,如若细致地梳理托克维尔的研究历程,那么就可以发现他不仅并未忽视对英国的研究,且还基于他作为"法律人"①的素养和意识,对于英国的"法治"理论和实践投入了大量的关注,尤其是对于英国领先于法国等大陆法系国家的法律制度更是表现出了极大的研究兴趣,而其中又以对济贫法(*Poor Law*)的研究开始最早、持续时间最长、探讨最多,甚至成为他研究英国社会、政治与经济的重要切入口而值得关注。

---

　　① 托克维尔在 1825 年进入巴黎皇家法学院学习法律,在此获得法学学士学位,并在 1827 年开始担任凡尔赛初审法院见习法官,同年认识了他的终身好友古斯塔夫·德·博蒙特。在与博蒙特开启美国之旅前,托克维尔已经升任助理法官,在返回法国后才辞去职务并开始撰写《论美国的民主》一书。

一、"缘"何关注济贫法？

托克维尔对济贫法的关注"缘"起于 1831 年的那场美国之旅。在这场为期一年半的长途旅行中，托克维尔与终生好友古斯塔夫·德·博蒙特先生（*Gustave de Beaumont*）共同游历了美国各地，虽然此行的最终智慧结晶正是那部面世即被奉为经典的《论美国的民主》（De la Démocratie en Amérique or Democracy in America），但这趟旅行的最初目的却是调研美国的监狱制度，进而分析上述制度能否在法国借鉴应用。事实上，托克维尔也并未忘记这趟旅行的原初目的，他与博蒙特两人完成了《论美国的监狱制度及其在法国的应用》（Du Système pénitentiaire aux États－Unis et de son application en France）一书。更为重要的是，托克维尔在调研和撰写的过程中也敏锐地意识到，"犯罪问题"实际上与"贫困问题"存在密切的关联。

由此，托克维尔在研究的过程中，也饶有兴趣地写下了《济贫法在美国》（Paupérisme en Amérique）①一文，对美国的济贫法律制度展开了剖析，并将该文作为附录收录在了《论美国的监狱制度及其在法国的应用》一书中。而该文也就成为托克维尔对济贫法问题研究的

---

① 《济贫法在美国》作为《论美国的监狱制度及其在法国的应用》的附录，其法文版被收录在《托克维尔全集》第四卷当中，See *Oeuvres complètes*，Tome 4，Paris，Gallimard，1985。该文的英译本可见于：Gustave de Beaumont，Alexis de Tocqueville，*On the Penitentiary System in the United States and Its Application to France*，Translated by Emily Katherine Ferkaluk，Palgrave Macmillan，2018。更新的英译本则可见于：Alexis de Tocqueville，*Memoirs on Pauperism and other Writings*，Edited and translated by Christine Dunn Henderson，University of Notre Dame Press，2021。

起点，并进一步激发了他对该法的研究兴趣，促使托克维尔追溯到了济贫法的产生之地——英国。

1833年初，托克维尔前往伦敦，拜访了英国著名的政治经济学家拿索·威廉·西尼尔（*Nassau William Senior*）[①]，而他此时正在负责起草以《1601年济贫法》（*Poor Law 1601，43 Eliz. I c 2*）[②]为核心的"旧济贫法"（Old Poor Law）研究报告，并已经成为了《1834年济贫法》（即"新济贫法"，New Poor Law）的主要起草人，可以说两人此后长期的友谊无疑正是"缘"起于济贫法。而对于托克维尔的初次来访，西尼尔爵士的女儿玛丽·夏洛特·梅尔·辛姆普森（*Mary Charlotte Mair Simpson*）[③]在她日后整理出版的两人之间的《书信和

---

① 拿索·威廉·西尼尔不仅是英国著名的古典政治经济学家，也是著名的《济贫法报告》（*Report from His Majesty's Commissioners for Inquiring into the Administration and Practical Operation of the Poor Laws*）的主要撰写人，同时，还作为《1834年济贫法》的主要起草者，参与了该法制定的全过程，他此后始终关注着《1834年济贫法》的实施及其完善，并撰写了《对批判济贫法修正案之思考》（*Remarks on the Opposition to the Poor Law Amendment Bill*）等著作。

② 《1601年济贫法》也被称为"老济贫法"或"伊丽莎白女王济贫法"（Elizabethan Poor Law），该法是对《1597年济贫法》（*The Poor Law 1597*，39 Eliz. I c 3）的修订和完善，而后者则实际上是对《1536年济贫法》（*The Poor Law 1536*，27 Hen. VIII c 25）等一系列济贫法的归纳和总结。

③ 玛丽·夏洛特·梅尔·辛姆普森（Mary Charlotte Mair Simpson）是《书信和对话集》编者的婚后姓，她的婚前姓是玛丽·夏洛特·梅尔·西尼尔（Mary Charlotte Mair Senior）。辛姆普森夫人还著有回忆录《许多人的许多回忆》（*Many Memories of Many People*），其中也记载了大量西尼尔参与《1834年济贫法》的起草以及与托克维尔的交往。

对话集》(Correspondence and Conversations of A. de Tocqueville)①
的开篇中,记录了他们首次见面的场景:

在 1833 年的某一天,西尼尔先生的办公室门外响起了敲门声,
一位年轻人走了进来并做了如此的自我介绍——"我是亚历克西
斯·德·托克维尔",除此之外就别无他言。

但两人很快发展成了无话不谈的密友。随着托克维尔与西尼尔
交流的深入,他对于济贫法的兴趣变得更为浓厚。西尼尔为了满足
他的兴趣,也借助于《1834 年济贫法》主要起草者的身份,将尽可能
多的立法资料提供给了托克维尔(对此可见于《书信和对话集》中收
录的西尼尔致托克维尔名为《济贫法报告》的信件)②,以供他对新旧
济贫法展开对比研究。在获得了西尼尔赠予的《1834 年济贫法》起
草报告等相关资料之后,托克维尔开始系统地反思济贫法及其对于
"贫困问题"的解决进路,而这也直接促成他撰写完成了更为重要的

---

① 托克维尔与西尼尔从 1833 年开始就保持着长期的书信往来和频繁的交流
探讨,如此的思想互动直至 1859 年托克维尔去世后才停止。西尼尔为了纪念托克
维尔,在 1861 年时出版了两人的书信选集《托克维尔纪念集》(Memoir of
Tocqueville)。她的女儿玛丽·夏洛特·梅尔·辛姆普森又进一步收集了两人的来
往书信和对话笔记,在 1872 年编辑出版了两人的《书信和对话集》(Correspondence
and Conversations of A. de Tocqueville)。在两卷本的集录中,收录了多篇两人关
于济贫法及其相关问题进行探讨的书信和对话,本书的下编对这些书信和对话进行
了梳理及翻译。

② See Correspondence and Conversations of A. de Tocqueville with Nassau
William Senior from 1834 — 1859, ed. M. C. M Simpson, in Two Volumes
(London: Henry S. King & Co., 1872). Vol. I, pp. 12—13.

一篇论文——《论济贫法》(Mémoire sur le paupérisme)。①

《论济贫法》起初是托克维尔在 1835 年应"瑟堡皇家学会"(La Société royale académique de Cherbourg)之邀请所撰写的年会论文，该文在当年的学会年会上宣读，并收录在 1835 年《瑟堡皇家学会论文集》(Mémoires de la société académique de Cherbourg)②之中。这篇论文显然也被托克维尔视为重要的"学习成果"而回赠给了西尼尔。③ 在该文中，托克维尔不仅详细地分析了"贫困问题"的起源，而且也对试图解决这一问题的济贫法展开了反思。但托克维尔似乎对于《论济贫法》一文并不满意，正如他在该文的结尾之处提到的：

现在这篇论文对于我现在的研究主题来说仍然太短，并且已经超出了我曾经所设定的篇幅限制。对于预防贫困的对策将是我第二篇论文的主题，而我希望明年能够恭敬地呈交给瑟堡皇家学会。这第二篇论文将是我所有思考的结晶。④

---

① 《论济贫法》正式的法文版被收录在《托克维尔全集》第十六卷当中，See *Oeuvres complètes*，Tome 16：Mélanges，Paris，Gallimard，1989。而该文最早的英译版本是由西蒙·德雷舍(Seymour Drescher)教授在 1968 年所翻译，See Seymour Drescher，*Tocqueville and Beaumont on Social Reform*，New York：Harper Torchbooks，1968。此后，是格特鲁德·辛梅尔法布(Gertrude Himmelfarb)最新的英译本，See Alexis de Tocqueville，*Memoirs on Pauperism and other Writings*，Edited and translated by Christine Dunn Henderson，University of Notre Dame Press，2021。

② See *Mémoires de la société académique de Cherbourg*，1835，ff. 293—344.

③ See *Correspondence and Conversations of A. de Tocqueville with Nassau William Senior from 1834 — 1859*，ed. M. C. M Simpson，in Two Volumes (London：Henry S. King & Co.，1872). Vol. I，p. 11.

④ See *Oeuvres complètes*，Tome 16：Mélanges，Paris，Gallimard，1989，p. 139；Also see Seymour Drescher，*Alexis de Tocqueville's Memoir on Pauperism*，New York：Harper Torchbooks，1968，p. 38.

这里所提到的第二篇论文即托克维尔在 1837 年撰写的论文《再论济贫法》(Second Mémoire sur le Paupérisme)①。托克维尔试图在该文中弥补在《论济贫法》一文中的遗憾,尝试通过构建一整套制度来更为彻底地解决"贫困问题"。但令人再次遗憾的是,托克维尔似乎并未真正完成该文,而该文也从未在他生前公开发表,而是直至 1989 年才在《托克维尔全集》(Oeuvres complètes)第十六卷中得以正式公开。

当然,托克维尔对济贫法的关注并未因为上文的搁置而停止。他本人继续与亲友们通过信件等形式不断地探讨济贫法,如他在写作《再论济贫法》一文前后,就与他的兄弟探讨过将济贫法律制度移植到诺曼底地区的可能性,而这一信件也以《济贫法在诺曼底》(lettre sur le paupèrisme en Normandie)为名收录到了《托克维尔全集》第十六卷之中。② 此外,托克维尔仍然与西尼尔就济贫法展开了持续地探讨,在两人的《书信和对话集》中收录了大量探讨济贫法相关问题的信件和对话,直到 1849 年托克维尔因为政治等原因淡出政坛后才逐渐减少。

但无法回避的问题则在于:为何托克维尔在发表《论济贫法》一文之后,并未再完成和发表《再论济贫法》等系统性的论著呢? 对此

---

① 《再论济贫法》(*Second mémoire sur le paupérisme*)直到 1989 年才首次公开收录在《托克维尔全集》第十六卷中, See *Oeuvres complètes*, Tome 16: Mélanges, Paris, Gallimard, 1989. 由于公开较晚,《再论济贫法》的英译版本相应也出现较晚,最新的英译本, See Alexis de Tocqueville, *Memoirs on Pauperism and other Writings*, Edited and translated by Christine Dunn Henderson, University of Notre Dame Press, 2021。

② See *Oeuvres complètes*, Tome 16: Mélanges, Paris, Gallimard, 1989, pp. 158—161.

问题最为合理的回答即,托克维尔已然意识到要想彻底解决"贫困问题"仍然存在极大的难度,而这可以从他在《论济贫法》一文中对"济贫问题"的产生缘由及其对济贫法的反思中得以知晓。

二、如何反思济贫法?

托克维尔对济贫法进行反思时采取了他尤为擅长的研究方法,即,既在宏观上全面地分析制度产生的背景和逻辑,又在微观上细致地剖析制度运行的现状及问题,而这种宏观与微观交相呼应的描述手法更为全面地揭示出了催生济贫法的"贫困问题"以及由其造成的"悖论问题"。

(一)"贫困问题":济贫法的产生缘由

从宏观的视角切入,托克维尔在《论济贫法》的开篇就描述了一幅矛盾丛生的景象,那就是在欧洲乃至世界上最为富裕的英国,却有着比邻国更为庞大的贫困人群,换言之,"贫困问题"同样困扰着这个看似强大的国度。那么究竟为何会产生"贫困问题"呢?托克维尔在《论济贫法》的上篇中用他娴熟的笔调,从漫长的历史变迁中勾勒出了贫困产生的缘由——在他看来,"贫困问题"并非是自古即有,而是在经历了人类社会的三个阶段之后逐渐产生,展开而言如下。

第一个阶段是游猎社会时期,托克维尔认为,从历史的源点来看:

人类走出了森林,但此时他们仍处于野蛮未开化的状态,他们聚集在一起并非为了享受生活,而仅仅是为了生存。他们努力寻找生存之地以供其躲避恶劣气候和获得充足的食物。①

可以说,在原始社会时期,人们只抱有少许的欲望,甚至除了对生存的渴望之外,几乎没有其他所求,而由于食物匮乏所导致的(传统意义上的)"贫困问题"始终困扰着人们。这当然也迫使他们不断寻求生存之道,并逐渐在狩猎技能之外发展出了农耕技术,以此应对"贫困问题"无时无刻不在的威胁。

第二个阶段是农耕社会时期,托克维尔认为农耕技术的发展虽然能够帮助人类解决基本的生存问题,缓解了人类面临的因为食物匮乏而导致的"贫困问题",但也刺激了人类为获取土地等的"私有财产权"而不断地开垦耕地。然而,随着土地基于私有财产权被允许永久地传承给后代,(土地)贵族阶级得以逐渐形成,不平等的问题开始凸显出来。究其原因,贵族阶级已然不再满足于依靠土地而生活,而是希望通过不断的掠夺和战争等方式获取土地,进而满足他们越来越多样的需要和欲望,正如他所述:

> 所有的贵族阶级都在这一社会阶段中逐渐兴起,而其中的许多人都已经熟练地掌握了聚拢财富和权力的技艺。绝大多数知识和能够带来种种快乐的物质财富被掌握在极少数人手中,而尚未完全开化的人们并没有意识到应当让所有人共享安逸与自由。②

---

① See *Oeuvres complètes*, Tome 16: Mélanges, Paris, Gallimard, 1989, p. 119; Also see Seymour Drescher, *Alexis de Tocqueville's Memoir on Pauperism*, New York: Harper Torchbooks, 1968, p. 18.

② See *Oeuvres complètes*, Tome 16: Mélanges, Paris, Gallimard, 1989, p. 120; Also see Seymour Drescher, *Alexis de Tocqueville's Memoir on Pauperism*, New York: Harper Torchbooks, 1968, p. 19.

但随着土地不断地集中，而所谓的"第三等级"（Le Tiers – État）尚未形成的情况下，人们逐渐被分化为两类人群：一类人是"耕种但不拥有土地"的佃户，他们靠为拥有土地之人进行耕种为生，虽然看似拥有自由，但其命运却依然犹如当下殖民地的奴隶；另一类人则是"拥有土地但不耕种"的贵族，虽然他们的生活与现代相比难以称之为舒适，但已经是当时极少数能够满足需求之人了。而用托克维尔自己的话来说：这一时期的不平等已经"走向了极致"。

第三个阶段是工业社会时期，托克维尔认为在这一时期生产力得到极大地发展，那些失去土地的佃农不断地涌向城市、走进工厂，进入所谓（在资本主义经济下形成）的"有序社会"（Organized Societies）。此时此刻，对于那些从物质匮乏的农耕社会姗姗走来的人们来说，工业社会无疑为他们提供了诸多闻所未闻的奢侈物品以供享受，而大部分人的欲望得到极大满足，新的需求（尤其是各种"次级需求"）也被不断地创造和满足，①这反过来又吸引了更多的农民抛弃土地，来到城市中的工厂出卖劳力以满足自我需求。然而这种满足并非毫无代价，因为工业社会伴随着巨大的风险，用托克维尔的话来说：

---

① 托克维尔将人的"需求"区分为"初级需求"和"次级需求"，前者是源于人的体质及构造，主要是为了满足生存的需求；后者是源于人的习惯和教育，主要满足欲望的需求。在托克维尔看来，"人生来就有（初级）需求，但人生来也创造（次级）需求"。因而，在他看来，次级需求实际上是人为创造出来的，而这些创造出来的需求使得人们的欲望被无限扩大，以至于为了满足欲望而背井离乡地放弃土地，并将自身置于（市场经济）的风险之中，由此也就引发了所谓的"贫困问题"。

绝大多数人虽然(在工业社会里)过得更为愉悦,但如果缺乏相应的公共保障机制,他们时时刻刻都徘徊在因饥饿而走向死亡的边缘。①

正是在此背景下,现代意义上的"贫困问题"逐渐凸显,毕竟已然成为工人的农民(佃户)在本质上就属于无产阶级,他们在面对任何经济危机和社会风险时,抵抗能力近乎为零,失业就会使得他们无法再获得维持生存所需的基本物资,而乡村也难以返回,毕竟曾经赖以生存的土地早已因为荒芜而变得贫瘠不堪,他们将会面临的悲惨结局可想而知。这也就能够解释为何经济越为发达的英国,其所面临的"贫困问题"也越为严重。

由此,托克维尔通过以上三个时期的历史描述,阐释了现代意义上"贫困问题"产生的缘由。在他看来,正是由于人类个体需求的不断增加以及社会经济的不断发展,导致大量的农民离开土地进入工厂成为工人,而生产资料与劳动力的分离所引发的各种风险,最终引发了现代意义上的"贫困问题"。

(二)"悖论问题":济贫法的负面效应

那么究竟如何解决"贫困问题"呢?托克维尔在《论济贫法》的下篇开文就指出,就解决"贫困问题"的"善行"(*Bienfaisances*)来说,依

---

① See *Oeuvres complètes*, Tome 16: Mélanges, Paris, Gallimard, 1989, p. 123; Also see Seymour Drescher, *Alexis de Tocqueville's Memoir on Pauperism*, New York: Harper Torchbooks, 1968, p. 23.

据其开展是否以强制力为背景而可以区分为两大类:

第一类即所谓的"私人慈善"(*Private Charity*)。在托克维尔看来,"私人慈善"是从个人情感出发,为帮助他人缓解其遭受苦难而为的"善行"。这类"善行"在人类起源之时便已出现,也就是最为原初的"慈善"。

第二类则是所谓的"公共慈善"(*Public Charity*),托克维尔也将它称为"法定慈善"(*Legal Charity*)①。公共慈善(法定慈善)是从国家理性出发,由社会扶助遭受苦难成员的"善行"。这类"善行"是在现代社会中逐渐发展出来的,用他本人的话来说:

> (公共慈善)并非源于本性而是源于理性,并非源于情怀而是源于国力,即由社会关心其遭受苦难的成员,并系统性地缓解其成员所遭受的苦难。这种善行源于新教的教义,是在现代社会中所逐渐发展起来的。可以说,第一种(私人慈善)善行源于个人美德,并非社会性行为;第二种则刚好相反,源于社会并受社会所规制,因而对于第二种善行需要我们更为认真地探讨。②

托克维尔指出,在当时的欧洲只有英国将"公共慈善"进行了系统性地运用,而其运用始于亨利八世主导的宗教改革,他削弱了几乎

---

① 托克维尔在文中实际上将"公共慈善"与"法定慈善"进行了混用,而使用"法定慈善"(即法语"La Charité Légale",英语直译为"Legal Charity")之表述,以意指济贫法律制度可以被视为一种由法律强制建构的"(公共)慈善"制度,但这种表述似乎并不妥当,译者对此在正文注释中进行了探讨。

② See *Oeuvres complètes*, Tome 16: Mélanges, Paris, Gallimard, 1989, p. 126; Also see Seymour Drescher, *Alexis de Tocqueville's Memoir on Pauperism*, New York: Harper Torchbooks, 1968, p. 25.

所有的(宗教)慈善基金会(Charitable Foundations),①并将基金会的
财产分给了贵族。但如此的结果是人们再也无法从原有的"私人慈
善"中获得帮助,而这就使得那些需要帮助的穷人遭受了可怕的苦
难,并促使亨利八世的女儿伊丽莎白(Elizabeth)女王最终制定出台
了著名的《1601年济贫法》。

《1601年济贫法》规定,每个教区必须选任出济贫监察官,济贫
监察官有权依法向教区居民征收"济贫税"(Poor Tax),以救济教区
内的贫困人士,以此填补此前对(宗教)慈善基金会等私人慈善的抑
制而导致的救济减少等问题,而"公共慈善"也就由此转变成为"法定
慈善"。在此后两百多年的时间中,英国从未放弃过"法定慈善"的理
论与制度,其以《1601年济贫法》为基础不断地扩展其范围和内容,
并对英国社会产生了深刻的影响。

但在托克维尔看来,济贫法对英国社会产生的影响与其说全然
是正面的,毋宁说同样也产生了诸多负面的效应,而托克维尔从微观
的视角展开了剖析,并敏锐地发现了其中最为"致命的后果"(les
conséquences fatales),即在赋予人们"获得救济的权利"——"生存

---

① 在亨利八世展开宗教改革之后,他率先颁布了《1532年永久经营法》(The
Statue of Mortmain Act 1532,23 Hen. VIII c. 10.),该法禁止英国臣民向教会捐赠
不动产。此后又在1535年制定了《1535年用益法》(The Statue of Uses Act 1535,
27 Hen. VIII c. 10.),禁止设立以教会为受益人的用益(Use),以此防止所谓的"滥
用"(Abuses)。而在1545年,亨利八世颁布了更为严厉的《1545年教会解散法》
(The Dissolution Chantries Act 1545,37 Hen. VIII c. 4.),该法不仅规定国王有权
解散教会,而且规定国王有权没收此前对教会的捐赠。而在亨利八世去世之后,爱
德华六世(Edward VI)重新颁布了该法,并以宗教"虔诚"(Pious)为名的捐赠行为
视为"迷信"(Superstitious)活动,进而认定向教会的捐赠为违法并予以没收。

权"之后,伴随而来的却是懒惰等"道德问题"的滋生,换言之,济贫法陷入了法律权利与道德义务冲突对立的"悖论"之中,用他本人的话来说:

> 当穷人有从社会获得帮助的绝对权利,而公共行政机关有组织地在各地提供此类帮助之时,我们即可以发现在如此的新教国家中,那些曾经的改革者们所痛斥的普遍存在于天主教国家中的滥用等行为又迅速地滋生开来。事实上,人就如同所有的社会性生物一样,天生对闲散安逸的生活存在着偏爱。①

那么是否有可能对救济的申请对象进行区分,将其区分为两类——一类是因为客观上"毫不受益的不幸"而陷入贫困之人;另一类则是因为主观上"恶习酿成的灾祸"而陷入贫困之人——并对于其中四肢健全的申请救济者要求其承担法定的劳动义务呢?在托克维尔看来,如此区分(及其承担法定劳动义务的建议)看似很好,但在英国济贫法的实践中已经被证明难以有效地实现,而其原因在于:

> 毕竟没有什么比区分(客观上)毫不受益的不幸与(主观上)恶习酿成的灾祸之间那细微的差别更难之事了!况且又有很多苦难是由这两种原因所共同造就的结果!需要多么渊博的知识才能准确地推断出每个人的性格及其所生长的环境呢!这是何等地博学,何等敏锐的辨察力,又是何等地冷静和理性!你又能在哪里找到如此的一

---

① See *Oeuvres complètes*, Tome 16: Mélanges, Paris, Gallimard, 1989, p. 128;Also see Seymour Drescher, *Alexis de Tocqueville's Memoir on Pauperism*, New York: Harper Torchbooks, 1968, p. 27.

位法官,他需要兼具高尚的良知、充裕的时间、杰出的才能和恰当的方式以展开如此的调查。谁有胆量让一位行将就木的穷人因为自己的过失而迈向死亡?谁又能耐心倾听他的哭泣和种种问题的原因?当个人救济的意愿在直面他人的苦难都会变得动摇时,公共财政的救济又真的能够取得成功吗?①

然而,不加区分的救济所导致的结果是,无论是因为客观的不幸还是主观的恶习而导致的贫困之人,都能够通过济贫法律制度获得救济。而如此的救济更是引发了一连串的负面问题,其中最为直接的问题在于,济贫法所构建的济贫法律制度在运行时有赖于征缴"济贫税",而这些税款最终却需要由教区内那些勤勤恳恳、认真工作的人们所负担,这也就意味着"国家中最慷慨、最积极、最勤劳的国民,却将财产用于救助那些无所事事、肆意挥霍之人"②,换言之,济贫法的救济不仅是对那些败坏道德义务的懒惰之人的奖励,也将是对那些遵守道德义务的勤劳之人的惩罚。

但更为严重的问题则在于,当那些败坏道德义务的懒惰之人在获得了不劳而获的救济之后,懒惰的恶种会在公众的心中种下、发芽、生叶、开花和结果,最终生长成为一整片森林,进而导致整个社会

---

① See *Oeuvres complètes*, Tome 16: Mélanges, Paris, Gallimard, 1989, p. 129; Also see Seymour Drescher, *Alexis de Tocqueville's Memoir on Pauperism*, New York: Harper Torchbooks, 1968, p. 28.

② See *Oeuvres complètes*, Tome 16: Mélanges, Paris, Gallimard, 1989, p. 129; Also see Seymour Drescher, *Alexis de Tocqueville's Memoir on Pauperism*, New York: Harper Torchbooks, 1968, p. 28.

的道德素养下滑。当如此的局面产生之后,贫富阶层之间的排斥与误解将会进一步增加,并诱使他们彼此仇视与厌恶,而非互相理解与帮助,进而将会撕裂整个不同阶层之间本已脆弱的联系。

三、以何超越济贫法?

那么究竟如何克服济贫法所引发的"悖论问题"呢?更重要的是,究竟如何有效地解决"贫困问题"呢?托克维尔提出,这需要制定一部能够普遍地、持续地解决"贫困问题"的法律,而对于这部法律究竟采取何种进路以解决"贫困问题",他本人在《论济贫法》中并没有直接阐明,但结合他在《再论济贫法》以及此后著述中的探讨就可以发现,他似乎系统地思考了从"私人慈善""济贫制度"再到"储蓄制度"等各种可能的解决之道,用当代话语体系来说,他的思考实质上是沿着第三次分配、第二次分配再到初次分配的模式展开的。更重要的是,基于托克维尔同样认为以上三种分配模式均存在弊端,无论何种都难以单独解决问题,那么我们就有理由相信他最终将会选择将上述三种分配模式通过有效衔接配合的进路来解决"贫困问题",具体来说:

其一,就"私人慈善"而言,托克维尔认为"私人慈善"总能产生有益的结果,它往往能够探寻而非公开不幸,并默默地、积极地尝试弥补创伤。这也许是因为较之于"法定慈善","私人慈善"(作为第三次分配)往往是由致力于"善行"之人所发起和开展,他们能够更好地甄别出哪些是因为主观上"恶习酿成的灾祸"而陷入贫困之人,并专注于救助那些因为客观上"毫不受益的不幸"而陷入贫困之人。更为重要的是,"私人慈善"往往是由富裕阶层所做出的"善行",通过富人阶层直接向穷人阶层捐赠的方式得以实现,这将有助于缓和两个阶层之间尖锐的矛盾,可以说"私人慈善"正是联系他们两个阶层之间的纽带:

> ……个人捐赠还在富人和穷人之间建立起了难能可贵的联系。捐赠行为把给予救济的捐赠者与接受救济的受赠者之命运连接起来。受赠者获得了他本无权要求或无望获得的救济,其感激之情必将油然而发。由此,(慈善)捐赠作为道德纽带将两个阶层联系在了一起,尽管这两个阶层因为利益与情感的共同作用已经被割裂开来,但他们仍然期待(通过私人慈善而被予以)调和。①

当然,托克维尔也意识到"私人慈善"存在明显的弊端,毕竟私人慈善的捐赠来源并不稳定、规模也并不够大,因而"不能盲目地依赖私人慈善,毕竟当面对成百上千起(急需救济)事件一起发生时,私人慈善就可能会(因为难以应对而)陷入停摆"。② 在此背景下,仅仅依靠"私人慈善"显然无法解决"贫困问题",而这也就决定了"济贫制度"(作为第二次分配)的存在依然必要。

其二,就"济贫制度"而言,托克维尔并不否认"济贫制度"具有极

---

① See *Oeuvres complètes*, Tome 16: Mélanges, Paris, Gallimard, 1989, pp. 131—132; Also see Seymour Drescher, *Alexis de Tocqueville's Memoir on Pauperism*, New York: Harper Torchbooks, 1968, p. 31.

② See *Oeuvres complètes*, Tome 16: Mélanges, Paris, Gallimard, 1989, p. 137; Also see Seymour Drescher, *Alexis de Tocqueville's Memoir on Pauperism*, New York: Harper Torchbooks, 1968, p. 36.

大的价值，在他看来，"济贫制度"（作为第二次分配）能够有效地帮助那些不幸之人，这其中包括了无助的婴儿、羸弱的老人等几乎所有贫苦之人。而且通过"济贫制度"为贫苦之人的孩子们免费开设的学校，能够教授他们通过劳动获得物质生活必需品所需的知识，进而无疑有助于避免他们再次陷入贫困。但问题的关键在于，"济贫制度"在赋予人们获得物质帮助的权利（即生存权）的同时也会带来道德义务败坏等问题，人们容易因为能够免费获得物质帮助而心生懒惰之意，因而就必须有效地克服上述旧济贫法所存在的"悖论问题"。

就此问题而言，托克维尔实际上也已经给出了解决的基本思路，那就是在赋予获得物质帮助的权利亦即生存权之同时，应当要求接受救济之人承担相应的法律义务，这些法律义务应当根据人们身体状况的不同而区别对待，对于那些无劳动能力之人应当减少甚至免于承担法律义务，而对于那些有劳动能力之人则应当明确要求其承担法律义务，这其中最为重要的即是参与劳动的义务等，以期通过增加法律义务来遏制那些希望通过"济贫制度"而不劳而获之人，避免懒惰的恶习在人们之间的传播。事实上，这也是英国《1834年济贫法》所采取的基本思路，但在托克维尔看来这仅仅是济贫法完善的开始而非结束。

其三，就"储蓄制度"而言，托克维尔认为"储蓄制度"是帮助那些容易陷入"贫困问题"的穷人（主要是工人）拥有财产意识、抵御经济危机的最好方式。这是因为使贫困的工人直接获得土地或工厂的部分权益，无疑在理论上是最为直接的解决"贫困问题"之道，但在实践中却会面临诸多困难。在此背景下，也许教授贫困的工人如何利用工资创造财富才是最为现实的进路，毕竟储蓄的习惯能够有效促进穷人进行财富的积累而非挥霍掉，以此唤起他们的财产意识：

　　储蓄为工人提供了一种将他们的工资简便而又安全的实现资本化进而获利的方法。这也是当下社会唯一可以采取的用以应对财富不断集中在少数人手中，进而产生各种负面效应的方法，它有助于工人阶级养成与绝大多数农民阶级普遍具有的（获得）财产意识和习惯。①

　　当然，储蓄的实现有赖于建立完善的"储蓄银行"，而面对"储蓄银行"所吸纳的存款逐年增加、利息亏空扩大等问题，托克维尔不仅提出了改良的"基本原则"，②还依据这一"基本原则"探讨了其具体的应用途径，如他提出可以将"虔诚之峰"（mont－de－piété）的典当行与"储蓄银行"连接起来，以典当行的高额利息来弥补储蓄银行的利息空缺等建议。总之，托克维尔希望通过有效地改善贫困工人的经济情况，进而更为有效地避免他们陷入"贫困问题"。

---

　　① See *Oeuvres complètes*, Tome 16：Mélanges, Paris, Gallimard, 1989, p. 147；Also see Alexis de Tocqueville, *Memoirs on Pauperism and other Writings*, Edited and translated by Christine Dunn Henderson, University of Notre Dame Press, 2021, p. 54.

　　② 托克维尔指出："在我看来，国家不应试图将尽可能多的储蓄银行存款吸纳到国库和公共基金之中，而是应该在其能力范围内集中全部力量，在其担保下将这些小额资金用于地方，以避免国家遭遇大规模的突发性挤兑。这就是完善储蓄银行的'基本原则'。" See *Oeuvres complètes*, Tome 16：Mélanges, Paris, Gallimard, 1989, p. 139；Also see Alexis de Tocqueville, *Memoirs on Pauperism and other Writings*, Edited and translated by Christine Dunn Henderson, University of Notre Dame Press, 2021, p. 59.

然而,尽管托克维尔在思考了以上三种解决"贫困问题"的进路,并在认识到上述进路均存在弊端之后,无疑会倾向于选择将上述三种进路有序地衔接起来,进而形成合力以解决"贫困问题"。但这种进路的衔接必然也会带来新的问题,那就是如何在他所设想的一部法律中普遍地、持续地解决"贫困问题"?事实上,这样的一部法律显然已经超越了传统的慈善法、济贫法和储蓄银行法等一般法,而需要制定的是一部对国家基本经济制度、公民生存权、劳动权利及其义务做出根本性制度安排的基本法,即宪法。

事实上,托克维尔在 1848 年的"二月革命"之后,被选任为法兰西第二共和国"制宪议会"(*Assemblée Constituante*)的议员,并作为"1848 年法兰西宪法起草委员会"(*la Commission chargée de la rédaction de la Constitution française de* 1848)的委员参与起草了第二共和国宪法,而他似乎也将解决"贫困问题"的尝试融入该法的起草制定之中,并认为宪法的制定必然要走在济贫法之前,毕竟在托克维尔看来:

一部《济贫法》已经不足以使我们摆脱现在的困境,我们需要与观念而不(仅仅)是与贫困作斗争。①

由此,《1848 年法兰西共和国宪法》在早期的草案中,的确赋予

---

① See *Correspondence and Conversations of A. de Tocqueville with Nassau William Senior from* 1834 — 1859, ed. M. C. M Simpson, in Two Volumes (London: Henry S. King & Co., 1872). Vol. I, p. 11.

了公民享有劳动权、受教育权和获得物质帮助权等重要的基本权利①，尽管这些基本权利条款在后期未能在议会表决通过的正本中得以保留，②但这些规定已然表明了托克维尔意图超越济贫法，进而彻底解决"贫困问题"之道。

---

① 参见卡尔·马克思：《1848 年 11 月 4 日通过的法兰西共和国宪法》，载《马克思恩格斯全集》第七卷，第 578—579 页。

② 托克维尔晚年的政治之路并不平坦，在 1849 年托克维尔被选任为"立法议会"(Assemblée législative)的副议长，并在 6 月至 10 月短暂地担任了外交部长一职，但在路易·拿破仑·波拿巴于当年 10 月担任总统之后，托克维尔卸任外交部长一职。在 1851 年 12 月，拿破仑三世称帝之后，托克维尔因为反对拿破仑三世而短暂被捕，尽管随后很快获得释放，但这也促使他远离政坛(转而专心写作)直至 1859 年去世。

目　录

上编　论济贫法两篇

论济贫法 *

一、当代济贫法律制度的发展历程及其救济方法

任何人在周游欧洲列国时,都会被如此非同寻常,甚至可以说是不可思议的景象所困惑:那些看似最贫穷之国家,却是穷人最少之地;而那些为世人所憧憬之国度,却有相当一部分人有赖于另一部分人的捐赠才能得以生存。

---

* 《论济贫法》(*Mémoire sur le paupérisme*)是托克维尔在 1835 年应"瑟堡皇家学会"(Royal Academic Society of Cherbourg)之邀请所撰写的论文,该文最初在学会当年的年会上宣读,并刊载在 1835 年《瑟堡皇家学会论文集》中,*Mémoires de la société académique de Cherbourg*,1835,ff. 293 – 344。该文的法文版也被收录在《托克维尔全集》第十六卷当中,See *Oeuvres complètes*,Tome 16:Mélanges,Paris,Gallimard,1989。而该文最早的英译版本是由西蒙·德雷舍(Seymour Drescher)教授在 1968 年所翻译,See Seymour Drescher, *Tocqueville and Beaumont on Social Reform*,New York:Harper Torchbooks,1968。此后,格特鲁德·辛梅尔法布(Gertrude Himmelfarb)教授则为 1997 年再版的西蒙·德雷舍教授译本添加了新的引论,但非常有趣的是,这一版本在添加了副标题后改为《论济贫法:公共慈善是否创造了一个懒惰而依附的社会阶层?》(*Memoir on Pauperism:Does Public Charity Produce an Idle and Dependent Class of Society ?*),这一副标题似乎也点出了托克维尔在本文中所关心的核心问题。《论济贫法》最新的英译本,See Alexis de Tocqueville, *Memoirs on Pauperism and other Writings*,Edited and translated by Christine Dunn Henderson,University of Notre Dame Press,2021。本文在翻译的过程中综合参考了上述的各个版本。——译者注

当您漫步在英国的乡间时，会让您觉得自己仿佛漫步在现代文明的伊甸园之中——精心维护的道路，干净整洁的房屋，精心饲养的牲畜正漫步在茂盛的草场之中，而村民们则看上去壮硕而健康——总之，此情此景会令人觉得这里是世界上最为富足的国家，有着比任何地方都更为精致和优越的生活条件。可以说，人们在此纷纷追求生活的幸福和舒适，而透过每一缕呼吸的空气都能感受到如此优渥的生活。总之，英国是一个处处都能令旅行者沉醉其中的国度。

然而，当我们透过表象去更加仔细地观察乡野村落、检查教区登记簿，将会令人惊讶地发现这个蓬勃发展的王国里竟然有六分之一的居民依靠着"公共慈善"(la charité publique)①而生活。

与此同时，如若您渡海来到了西班牙，又或来到了葡萄牙，您将会被完全不同的景象所震惊。在上述这些国度中，随处可见无知粗俗之人，这些人不仅个个面带饥色，且人人衣衫不整，他们生活在远离文明之乡村里，居住在破败不堪的陋室中。尽管如此，葡萄牙的贫困(而需要救济)之人数量却远低于想象。根据德·维伦纽夫先生

---

① 托克维尔在此所用的法语表述为"la charité publique"，其对应的英语表达为"Public Charity"，即所谓的"公共慈善"。但托克维尔所说的"公共慈善"与慈善法中的"公共慈善"似乎存在明显的差异：近代慈善法中的"公共慈善"通常意指那些慈善捐赠来源具有"多元性"(Plurality)，且"慈善目的"(Charitable Purpose)也具有"公共性"(Public)的"慈善用益或信托"(Charitable Use or Trust)，与其对应的则是"私人慈善"(Private Charity)；但托克维尔在本文中似乎将"公共慈善"与"济贫法律制度"(Pauperism)相等同，而这种等同可以说耐人寻味。——译者注

(De Villeneuve)①的估算,该国每二十五个居民中只有一位(需要救济的)贫民。更早之前,备受赞颂的地理学家巴尔比(Balbi)②甚至给出了每九十八个居民中才有一个贫民的数字。

即便不作国与国之间的比较,而是作区与区之间的对比,也可以立即得出如此的结论:您将发现生活富裕之人和依赖"公共基金"(dons du public)③艰难生存之人的比例均在逐步上升。

根据某位严谨的作者所作之推论(尽管我并不完全认同它的理

---

① 阿尔班·德·维伦纽夫－巴格蒙特(Alban de Villeneuve－Bargemont, 1784－1850 年)系法国政治家和经济学家,他对现代贫困的产生原因及其解决方法的思考对托克维尔产生了重要影响。根据克里斯汀·邓恩·亨德森(Christine Dunn Henderson)教授的考证,上文所引用的数字应该是来自维伦纽夫－巴格蒙特所著的《基督教政治经济学》(*Économie politique chrétienne*),或《关于法国和欧洲贫困的性质和原因以及减轻和预防贫困的手段》(*sur la nature et les causes du paupérisme en France et en Europe et sur les moyens de le soulager et de le prévenir*)(1834),See Alexis de Tocqueville, Memoirs on Pauperism and other Writings, Edited and translated by Christine Dunn Henderson, University of Notre Dame Press, 2021. p. 74。——译者注

② 此处的"地理学家巴尔比"应当是指意大利地理学家阿德里亚诺·巴尔比(Adriano Balbi),他在 1821 年至 1832 年期间旅居葡萄牙,撰写了至少两部关于葡萄牙国情统计和分析的著作,这些著作系用法文写作并在巴黎出版,并似乎成为托克维尔的数据来源。值得注意的是,巴尔比与安德烈·米歇尔·格里(André－Michel Guerry)在 1829 年出版了两人合著的《法国各地学院和皇家法院有关犯罪研究和裁判数量的统计比较分析》(*Statistique comparée de l'état de l'instruction et du nombre des crimes dans les divers arrondissements des Académies et des Cours Royales de France*)一书,这部著作(及巴尔比的相关著作)显然对托克维尔影响重大(他此时正在研究美国和法国的刑罚制度,并于此与博蒙特著有《论美国的监狱制度及其在法国的应用》,而《济贫法在美国》则作为该书的附录一并出版),他与格里相识并为后者访英致信(1834 年 3 月 24 日)西尼尔,这封信似乎也成为托克维尔与西尼尔二十六年书信往来的开始,并作为开篇收录在两人的《书信和对话集》之中,该信的中译文本可见于本书的下编。——译者注

③ 托克维尔在此所用的法语表述为"dons du public",其对应的英语表达为"Public Funds",即所谓的"公共基金"。——译者注

论),在法国每二十人中就有一位需要救济的贫民。但是在不同地区之间存在着显而易见的差异。在诺尔省(Nord)——该省作为王国内公认最为富有、最多人口和最为发达的省份,也有近六分之一的居民有赖于慈善救济而生存。而在克勒兹省(Creuse)——该省作为王国内最为贫穷、最不发达的省份,每五十八位居民中却只有一位需要慈善救济的贫民。在他的统计数据中,拉芒什(La Manche)海峡(即英吉利海峡)沿岸地区的贫民数量与居民数量之比则大致为一比二十六。

我认为对于上述现象给出合理的解释并非不可能,尽管上述现象的产生是基于诸多复杂的原因,要想细致地予以分析其产生的缘由无疑将使本文变得长篇累牍,但在此明确地予以指出这些原因则仍属必要。

为了更清楚地表达我的观点,我有必要将讨论上溯至人类社会之源起,并沿着历史的长河尽快地追溯至当下。

在历史的源点,人类走出了森林,但此时他们仍处于野蛮而未开化的状态,他们聚集在一起并非为了享受生活而仅仅是为了生存。他们努力寻找生存之地以躲避恶劣的气候和获得充足的食物,人类的思绪始终围绕在如何获得食物上,只要他们能够轻松地获得所需之物,他们就会心满意足地惬意安睡。我曾经在北美的原始部落中生活过,尽管我对他们的命运抱以同情,但他们却丝毫不觉得自己的命运有何残酷之处。他们躺在自己冒着炊烟的帐篷中,身上穿着粗糙的衣服——经由他们手工缝制,抑或源于狩猎所得。他们反而会对我们的艺术抱以同情的态度,我们的文明在他们眼里仅仅是一种令人憎恨和可耻的征服。他们唯一嫉妒我们的只有武器。

因此，当人类社会进入第一阶段后，人们仍然只抱有少许的欲望，他们除了和动物一样的生存需要之外，几乎没有任何其他的需要；而他们在探求满足（生存）需要之道时，也会选择那些最低限度有赖于社会团体的方法。事实上，在人类掌握农业技艺之前，他们依赖狩猎而生存，而在他们掌握了耕作土地以获得丰收的农业技艺之后，他们随即转身成为农民。人们通过耕种所取得的土地以获得丰收来喂养自己和家人。私有财产权得以创设，并成为推动人类社会进步最为活跃的因素。

从人类保有土地的那一刻起，他们选择定居下来。人类通过耕种土地获得了充足的粮食以抵御饥饿。而在生存得以保障之后，他们逐渐发现除了满足生存的种种急迫需要之外，人类还有很多能够获得快乐的来源。

事实上，即便在人类以游猎为生的时代，不平等问题的存在也无法以任何方式予以掩盖。但彼时并不存在表明某个人或某个家庭具有较之于其他人或其他家庭更为优渥的公开标志（物）。如此的标志（物）即便存在，也无法传承给他的后代。但是从土地所有权被予以确认后，人们就把广袤的森林变成了肥沃的农田和富饶的牧场，从那一刻起，一些人积累了远超其生存所需的土地，并将这些土地作为永久产权性质的财产交由他们的后代继承。由此，随着（土地上除满足生存外的）剩余产出不断地增加，（拥有这些土地的）人们所获得的不再是纯粹满足生存之所需，他们还品尝到了享乐的滋味。

与此同时，所有的贵族阶级都在这一社会阶段中逐渐兴起，而其中的许多人都已经熟练地掌握了聚拢财富和权力的技艺。绝大多数知识和能够带来种种快乐的物质财富被掌握在极少数人手中,而尚未完全开化的人们并没有意识到应当让所有人共享安逸与自由。在人类历史的这个阶段,他们抛弃了此前在森林中生存时所具有的顺从自然和高傲自豪之德性。他们失去了原始人类的优点,也没有汲取到现代文明的长处。此时,耕种土地是他们获得资源的唯一途径,然而他们并不知道如何保护自己的劳动果实。在他们不再渴望原始的独立和尚未理解政治与公民的自由之时,他们对于暴力和欺骗也几乎毫无防范,他们几乎能够坦然地接受任何形式的暴政,只要(暴政者)允许他们在自己的土地上过着哪怕是最为单调乏味的生活。

此时,土地的集中不受限制,权力也集中在极少数人手中。战争威胁的是每个公民的私有财产,并不会像当前这样破坏人们生存所需的政治秩序。作为孕育所有经久不衰的贵族制度之源,征服的精神被不断地强化,而不平等也走向了极致。

在 4 世纪末,入侵罗马帝国的蛮族已经意识到土地能够提供什么,并意图独占土地上的产出。在他们入侵的多数罗马省份中,绝大部分的居民早已习惯于依靠农耕而生,他们的习性也早已因为农耕生活而变得平和,但此时他们的文明并没有进步到能够确保他们抵抗住勇莽的蛮族之入侵。蛮族通过胜利不仅夺取了政权,还获得了臣民们的财产,那些原来拥有土地的耕种者沦为了佃户,不平等更是被合法化,被作为既定事实之后以权利的形式固定下来。封建社会随即应运而生,中世纪也随之拉开序幕。如果我们仔细观察社会产生以来世界所发生的事态变化,我们可以清楚地发现平等只有在文明处于历史的转折点时才能得以普遍存在。蛮族之所以平等，是因为他们同样脆弱和无知。高度开化的人之所以又能够变得平等，是因为他们都有相似的途径以获得安逸和幸福。在这两种极端的场景之间，我们所能发现的则是财富、知识和种种物质上的不平等——相对于极少数人拥有权力，余下的多数人则忍受着贫穷、无知和种种不足。

博学多才的学者们已经系统地研究过中世纪，如今其他人也仍然在继续研究，包括瑟堡皇家学会的会员们。因此，我把这项艰巨的任务留给比我更有资格的学者们。此刻，我只想仔细地观察封建时代所呈现出的巨大场景之中的一角。在12世纪时，所谓的"第三等级"（Le Tiers－État）尚未形成。人们可以被分为两类：一类是耕种但不拥有土地之人；另一类则是拥有土地却并不耕种之人。

就第一类人而言，我认为他们的命运较之于现今的普通民众来说根本不值得同情。这一类人的处境就如同我们当下殖民地的奴隶，但是他们拥有更多的自由、尊严和美德。他们赖以生存的土地无疑会被悉心看护，在这点上地主与佃户的利益无疑是一致的。受制于他们的欲望与能力，他们并没有决断自己如何面对现在或未来之焦虑，而是享受着一种如植物般单纯的幸福。文明社会的人很难理解这种生活的魅力，但也同样难以否认其魅力的存在。

第二类人则呈现出相反的景象。这一类人通过继承祖辈的财产就能够过着惬意的生活，并且还能够持续而有保证地获得土地上的产出。尽管如此，我绝不会相信这一特权阶层会如同社会大众主流所臆想的那样热衷于追求享乐。享乐而非舒适的生活在那些半开化的国度中比比皆是,而舒适的生活却需要各阶层的人通力合作才能得以实现。但是在我们所探讨的那个时代,人群中未被生活所困之人实乃少数。然而,尽管这些人的生活看似富丽堂皇、财大气粗,但却丝毫不会令人感觉舒适。人们用手在银器抑或其他精美的金属器物中抓取着美食,穿着粗陋的亚麻服装搭配着貂皮和金饰,所住之处的墙壁上因为渗水而变得潮湿阴暗。他们坐在巨大的壁炉前那些经过复杂工艺雕刻的椅子上,即便已燃尽了一整棵树的木柴也未能让他们感到温暖舒适。而较之中世纪那些最为骄横的男爵,在我看来,今天的任何一个城市中能够过着相对体面生活的居民都能够从现代文明社会中满足他们的各种需求,进而使得他们已经能够过着比中世纪最为骄奢的男爵更为舒适的生活。而如果我们仔细地审视封建时代就可以发现,绝大多数人的需求根本无法获得满足,剩余少数人的需求也只能获得少许的满足。总之,土地固然可以满足大多数的生存之所需,但也仅仅是生存而非当今意义上的舒适。

在结束上述讨论之前,我们有必要阐明以下观点以便此后作进一步的探讨。

随着时光前行,种地而生之人渐渐有了新的渴望,他们不再满足于基本生活之需要。事实上,农民们在不离开土地的前提下,希望获得更好的居所和更好的衣物。他们已然知道了生活可以过得更为舒适,并将舒适的生活作为他们渴望追求的目标。与此同时,无须种地而生之人及其阶级则不断地尝试发现新的享乐之事,这些新的享乐之事虽不再那么浮夸,却更为特殊和新奇。中世纪贵族的后代们被成千上万种他们的祖先未曾激起的新欲望所吸引,使得大量种地而生之人离开曾经赖以生存的土地,转而寻找能够满足他们种种新欲望和新需求的工作并以此谋生。农民作为曾经所有人的职业,已然变成了大部分人的职业。那些生活惬意且无须种地而生之商人已经发展成为一个人数众多的阶级。

自从造物主创造这个世界以来,人们的思想、欲望和力量随着时代的发展而不断地提升。穷人与富人都从自身的角度出发思考如何获得他们的祖先所不曾知晓的生活乐趣,以此满足他们不断增加的生活需求,而每年都会有一部分以种地而生之人离开农业耕作转而从事工业生产。

事实上,如果我们仔细思考欧洲近几个世纪以来的变化,即可以发现随着文明的不断进步,人口也随之开始了大规模的迁移。人们开始将农耕所用的犁和其他工具搁置在曾经居住的农村院落中,转身走向城市工厂。在这一变化的过程中,他们不自觉地都在遵守着一项支配"有序社会"(Sociétés organisées)①发展的永恒法则。任何人都无法阻止社会发展的脚步,就如同任何人都无法限制人类追求完美的步伐——唯有神才知晓人何时会停止前进。

那么上述这种持续前行、不可阻挡的发展究竟是什么? 它又产生了怎样的结果呢? 可以确定的是,众多令人眼花缭乱的新奇商品被生产了出来,那些仍然在从事农耕生产的人们发现他们现在可以享用诸多以前闻所未闻的奢侈品。农民的生活由此变得更加愉悦和

---

① 托克维尔在此所用的法语表述为"des sociétés organisées",其对应的英语表达为"Organized Societies",亦即所谓的"有序社会"。——译者注

11

舒适,大农场主的生活也变得更为丰富和多彩,而大多数人的生活都能过得较为舒适。但是如此看似皆大欢喜的结果却同样需要付出相应的代价。

正如我在前文所述,中世纪生活的核心在于确保生存而非追求舒适。这一观点实际上可以如此来解释:当大多数人依赖土地而生时,生存这一最为紧迫的需求固然能够得到满足,但贫困和野蛮等问题也始终存在。事实上,对于绝大多数辛勤耕作的人来说,土地往往能够产出足够的回报以使他们免于饥饿。因而,此时的人虽然贫困但生存不成问题。但至今日,绝大多数虽然过得更为愉悦,但如果缺乏相应的公共保障机制,他们时时刻刻都徘徊在因饥饿而走向死亡的边缘。

事实上,上述结论可谓显而易见。农民生产维持生活所需的农产品的行情虽然时涨时跌,但大致稳定。即便出现了突发情况导致农产品无法及时销售,这些农产品至少能够确保耕种者生存无忧并静待市场回涨之时。

但与农民相反的是,工人会考虑满足自己的诸多次级需求(besoins factices et secondaires)①,而这些需求可能因为成百上千种原因而难以实现,甚至可能因为种种突发事件的发生而根本无法实现。然而,纵使年景不佳或市场不好,每个人都需要维持生存的最低限度的物资,工人为此随时准备作出极大的牺牲以换取这些维持生

---

① 托克维尔在此所用的法语表述为"besoins factices et secondaires",其对应的英语表达为"Secondary Needs",即所谓的"次级需求"。——译者注

存所需的物质。然而,不幸的遭遇可能会导致人们无力再追求以往唾手可得的物质,而正是对这些物质的追求构成了工人的赖以生存之道。如果它们变得不再为世人所追求,工人将别无维持生存之法。他们仅有的收入迟早会被消耗殆尽,曾经赖以生存的土地也早已被废弃而变得贫瘠不堪。如若继续如此,等待他们的将唯有痛苦和死亡。

以上我所谈及的是人的因素对需求造成的限制,此外还有诸多因素如产品过剩、国外产品竞争等。

从事工业生产之人虽然极大地促进了其他人的福祉,但也容易陷入猝不及防也无法逃离的噩梦之中。在人类社会的整体结构中,我认为从事工业生产之人既从上帝那里接受了为他人提供物质福祉的使命,但也使自己容易陷入危难和风险之中。文明在自然而无法阻止的前行的过程中也在不断地拓展着这一从事工业生产的阶级的规模。事实上,人们的需求每年都在增加并变得更为多样,与此相对应的是,希望通过从事工业而非农业生产工作以满足他人多样需求,进而使得自身生活更为舒适之人也在随之增加,而当下的政治家应当认真地考虑这一现实。

因而,在越是富裕的社会中,其生活的舒适与贫穷之间的关系就变得越是紧密。从事工业生产的阶级,为他人提供了享乐所必需的物质条件,但也使他们暴露在那些这一阶级未曾存在之前根本无从知晓的风险之中。

尽管如此,仍然存在其他原因导致接受济贫的人群数量在不断地增加。人生来就有需求,人生来也创造需求。

第一类需求源于人的体质及构造,第二类需求源于人的习惯和教育。我在上文已经指出,人类最早为了生存除了满足自身体质及构造之需求外可谓别无他求,而随着人类可以追求的乐趣越来越多,对各种乐趣的追求逐渐成为人类的某种习惯,而这些乐趣最终甚至转变为如同生存必需品般的存在。我就以吸烟的习惯为例,烟草无疑是一种奢侈品,尽管它生长在荒野之中,并为那些野蛮人带来了愿意为此付出一切的快感。事实上,烟草对于印第安人来说就如同其他维持生存的基本物品一样不可或缺,他们会因为缺失两者之中的任何一种而跪地乞求。而在我看来,如同烟草这般让人无法割舍之物品在现代社会中不胜枚举。一个社会越是繁荣,越多耐用之物就会被作为(物质)乐趣所追求,也越发会被作为习惯所继承抑或作为行为所效仿,进而刺激人们现实的需求。由此,文明人反而比野蛮人更有可能经历所谓命运的无常。毕竟第二类需求仅仅是偶尔和特定情况下所需,而第一类需求则是时刻和一般情况下皆需。随着人们在追求乐趣的道路上渐行渐远,他们离各种潜在的风险也越来越近。因此,英国的穷人较之法国的穷人而言,无疑称得上是真正的富人,而法国的穷人在西班牙的穷人眼里也的确算得上是富人。英国(穷)人所缺少的东西,法国(穷)人根本未曾拥有过。而在不同发展程度的社会之间也是如此,在文明人的国家中,没有诸多能够满足其(第二类)需求之物品时会被视为是贫穷;而在野蛮人的国度里,贫穷只是意指无所获得(第一类)生存所需的食物。

文明的进步既会使人们新增许多的不幸,也能缓解社会尚未开化时所未曾预见的诸多苦难。可以设想,在一个大多数人衣不蔽体、居不遮雨、食不果腹的国度,谁会想到给穷人提供干净的衣服、舒适的住所和健康的食物呢?而大多数英国人都将上述这一切的缺失视为可怕的不幸;整个社会都坚信他们应当帮助那些缺乏上述物质之人,治愈那些在其他国度未曾被关注的疾苦。毕竟英国人一生所能期望的平均生活水平比世界上任何其他国度都来得更高,这也就极大地促进了济贫法律制度在英国的发展。

如果上述思考确切无疑,我们就不难得出如下的结论,即一个国家越是富有就有越多的人希望获得"公共慈善"的救济。导致如此结果的主要原因有如下两方面:一方面,在这些国家中,最为缺乏保障的阶级人数在不断地增长;另一方面,需求在无限地扩张和多样化,人们在日常生活中也更为频繁地触及和意识到上述种种需求。

我们不应再自欺欺人,是时候冷静而平和地直面现代社会的未来了。我们既不能再沉醉于未来的宏大图景之中,也不要因为看到伴随而来的苦难而感到气馁。只要文明继续如当下那样向前发展,绝大多数人的生活水平也将逐步提高,社会将变得更为完美、更为明智,生活也会变得更为容易、更为温暖、更为美妙、更为长久。但与此同时,我们也必须意识到,更多的人需要获得他们的同胞的帮助,以获取维持生存所需的救济。在我看来,我们无疑能够妥善地调和社会发展与生存救济之间的矛盾,尽管特殊的国情可能会激化或者缓解矛盾,但没有人能够阻止它的存在和发展。我们所必须做的是发现缓解那些已然显现而无法避免之苦难的方法。

二

"善行"（Bienfaisances）①可以分为两种。第一种依据其方法而言，即由个人帮助其他人等，以缓解他们所遭受的苦难。这种善行可以追溯至世界产生之初，人类开始遭受苦难之时即已出现。基督教将其视为一种神圣的美德，并将其称为"慈善"（charité）。

第二种则并非源于本性而是源于理性，并非源于情怀而是源于国力，即由社会关心其遭受苦难的成员，并系统性地缓解其成员所遭受的苦难。这种善行源于新教的教义，是在现代社会中所逐渐发展起来的。可以说，第一种善行源于个人美德，并非社会性行为；第二种则刚好相反，其源于社会并受社会所规制，因而对于第二种善行需要我们更为认真地探讨。

初看起来没有任何理念比"公共慈善"更为美丽、更为高尚：社会不断地反省自己，检视伤痛，并积极地尝试治愈它们。在确保富人们能够享有他们的财富之同时，社会也在保障穷人免受过度的苦难。它请求一部分人捐献出自己多余的财产，以便让受赠者能够获得维持生存之必需品，而这无疑是一幅令人感动而又肃然起敬的画面。

那么又是何种经历撕毁了如此美丽的幻景呢？英国是欧洲唯一一个将"公共慈善"理论系统化地大规模应用的国家。在亨利八世（Henry VIII）的统治下，宗教革命彻底改变了英国的面貌，国内几乎

---

① 托克维尔在此所用的法语表述为"Bienfaisances"，其对应的英语表达为"Beneficence"，亦即所谓的"善行"。——译者注

所有的(宗教)慈善基金会(Charitable Foundations)均被抑制。[1] 当慈善基金会的财产被贵族占有后,其财产也就不再分配给普通臣民。随着救济他们的渠道纷纷被毁,穷人的数量又重新变得和以前一样多。与此同时,当穷人的数量在不断增加之后,亨利八世的女儿伊丽莎白(Elizabeth)女王最终被其臣民遭受的可怕苦难所震惊,并希望通过由地方政府每年征收(济贫)税款的方式,填补此前抑制教会及其慈善基金会所导致的救助减少而造成的漏洞。

　　伊丽莎白在其统治的第四十三年颁布了一项法律,即《1601年济贫法》[2],该法规定每个教区必须选任出济贫监察官,监察官有权

---

　　[1] 亨利八世展开宗教改革之后,率先颁布了《1532年永久经营法》(*The Statue of Mortmain Act 1532*, 23 Hen. VIII c.10.),该法禁止英国臣民向教会捐赠不动产。此后又在1535年制定了《1535年用益法》(*The Statue of Uses Act 1535*, 27 Hen. VIII c.10.),禁止设立以教会为受益人的用益(Use),以此防止所谓的"滥用"(abuses)。而在1545年,亨利八世颁布了更为严厉的《1545年教会解散法》(*The Dissolution Chantries Act 1545*, 37 Hen. VIII c.4.),该法不仅规定国王有权解散教会,而且规定国王有权没收此前对教会的捐赠。而在亨利八世去世之后,爱德华六世(Edward VI)修订并重新颁布了该法(*The Dissolution Chantries Act 1547*, 1 Edw. VI. c.14.),并进一步将宗教"虔诚"(Pious)与"迷信"(Superstitious)相等同,以虔诚为名义的捐赠行为(主要通过设立"用益"和"信托")也被认定为违法进而归于无效,教会大量的财产也随之被收归政府,并被奖励给那些提供和举报教会私藏财产线索的贵族,由此引发了托克维尔所述的问题。——译者注

　　[2] 《1601年济贫法》(*The Poor Law 1601*, 43 Eliz. I c 2)也被称为"老济贫法"(Old Poor Law)或者"伊丽莎白女王济贫法"(Elizabeth Poor Law),该法是对《1597年济贫法》(*The Poor Law 1597*, 39 Eliz. I c 3)的修订和完善,而后者则实际上是对从亨利八世颁布的《1536年济贫法》(*The Poor Law 1536*, 27 Hen. VIII c 25)以来一系列济贫法的归纳和总结。值得注意的是,伊丽莎白女王在制定《1597年济贫法》的同时还颁布了世界上第一部成文慈善法《1597年慈善用益法》(*The Charitable Uses Act 1597*, 39 Eliz. I c.6.),而该法也在1601年修订形成了著名的《1601年慈善用益法》(*The Charitable Uses Act 1601*, 43 Eliz. I c.4.)。《1601年济贫法》和《1601年慈善用益法》共同构成了英国近代社会福利制度的法律基础,并对现代社会福利制度影响深远。——译者注

依法向教区居民征收济贫税,以便救济残疾的贫困者,并为其他穷人提供工作。

随着时间的流逝,英国越来越多地倾向于采用所谓"法定慈善"(La Charité Légale)①之原理。英国接受济贫制度救济的人数比其他任何国家都增长得更快。一些普遍性的因素和特殊性的因素共同造就了如此不幸结果的产生。英国人在生活的文明程度上已经远超欧洲列国。我前文所论述的(普遍因素)可以普遍适用于上述各国,但也有一些(特殊因素)只适用于英国。

英国工人阶级不仅为英国人,也为全球一大部分人口提供了生活的必需品和享乐品。由此,他们的生活究竟是富裕还是贫穷不仅依赖于英国本土(市场)的情况,还有赖于世界上其他地方(市场)的情况。诸如印度的民众减少开支或减少消费时,英国的制造商就会遭受相应的损失。

由此,英国作为世界上农业劳动者最容易被吸纳成为工业劳动力的国家,它的工业劳动者也是命运最为多舛之人。在过去的一个世纪里,英国发生了一件在其他国家发展过程中看起来不可思议之事。在此百年间,世界各国的地产呈现出不断分割细化的趋势,唯独

---

① 托克维尔在此使用了"La Charité Légale"(可直译为"Legal Charity")之表述,以意指济贫法律制度可以被视为是一种由法律强制建构的"(公共)慈善"制度,本文姑且将其翻译为"法定慈善"。值得注意的是,这一表述显然并非是严谨的法律术语,毕竟在近现代的慈善法中,"Legal Charity"通常意指"法律中的慈善",亦即那些符合"慈善资格审查"(Charitable Status Test)的要求,进而能够获得相应特权的慈善(信托)等等。当然,在托克维尔撰写本文时,"法律中的慈善"及其"慈善资格审查"的理论和制度尚未真正形成(需待到二十世纪中叶),这也可以解释为何会出现这种混用。——译者注

英国的地产呈现出不断集中垄断的倾向。中等规模的地产不断消失，并被更大规模的地产所吞噬。大规模的农业替代了此前小规模的耕种。任何人如果对此问题展开细致地研究都可以得出发人深省的结论。鉴于这一问题与我讨论的主题存在明显的偏差，我将选择就此打住，但如此显而易见的事实则必须强调——英国的地产垄断在不断地持续升级。地产垄断的升级导致了如此的结果，即随着英国的农业劳动者舍弃农具转而走向工厂，他们也正在有意无意地推动地产向着不断垄断的方向前进。相对而言，大型庄园需要的农业劳动者人数远远小于中小型庄园所需要的农业劳动者人数。在如此双重作用下，一方面地产在离他们远去，另一方面工厂却在向他们招手。在英国 2500 万的人口中，从事农业的人口数量不超过 900 万。至少 1400 万人口，甚至接近总人口的三分之二，委身于商业和工业生产之中。

正是因为这样的境况，导致英国接受济贫法律制度救济的人数相比于文明发展程度相似的国家来说增长得更快。而一旦接受"法定慈善"的理论，英国也就无法再次放弃如此的理论（及其制度）。而在英国此后两百多年以来的济贫法制定历程中，无不反映出其仅仅是伊丽莎白女王所制定之《济贫法》的扩展。随着"法定慈善"的理论在此前两个半世纪中被我们的邻国（英国）所欣然接受，我们是时候可以判断如此的理论（及其制度）所带来的致命后果（les conséquences fatales）。让我们沿着这个思路继续深入剖析。

当穷人有从社会获得帮助的绝对权利，而公共行政机关有组织地在各地提供此类帮助之时，我们即可以发现在如此的新教国家中，那些曾经的改革者们所痛斥的普遍存在于天主教国家中的滥用等行为又迅速地滋生开来。事实上,人就如同所有的社会性生物一样,天生对闲散安逸的生活存在着偏爱。尽管如此,人还存在两种动机推动着他去从事劳动:维持生存的需求和改善生活的愿望。而经验则已经表明,大多数人只有在第一种动机的影响下才有充足的动力从事劳动。第二种动机只对少数人能够产生影响。然而,当慈善组织不加区分地向所有穷人提供帮助,或者法律授予穷人有从官方获得帮助的权利时,不管他们贫穷的缘由是什么,都将削弱前一种(维持生存的)动机,却又无损于后一种(改善生活的)动机。英国农民与西班牙农民相比,如果前者感觉没有强烈的愿望去改善他出生以来的社会地位,并使自己摆脱苦难的境遇(这无疑是一种对于大多数人来说极易破灭的愿望),那么在我看来两国的农民毫无差别地均对劳动缺乏兴趣,抑或对通过劳动获得生存所需之外用以储蓄的财产缺乏动力。因而,这些英国农民依旧是无所事事抑或会肆意挥霍自己的劳动所得。由此,两个国家尽管拥有不同的原因,却最终产生了相同的结果:国家中最慷慨、最积极、最勤劳的国民,却将财产用于救助那些无所事事、肆意挥霍之人。

我们已经发现现实与上述理论所阐释的美丽而诱人的图景相离甚远,那么又是否能使如此崇高的理论摆脱如此悲惨的结局呢?在我个人看来,如此的结局似乎不可避免。此时,我可能被人这样反驳:你认为无论苦难源于什么都将获得缓减,你又认为公共救济将减轻穷人劳动的义务,上述阐述似乎存在着某些问题。究竟是什么使得社会在救济穷人之前并未询问他们(陷于苦难的)原因?又是为什么对于那些四肢健全的穷人不能在公共救济时要求承担劳动的义务？我的回答则是：英国法曾经姑且采纳了上述意见，但它们显然失败了，其原因也显而易见。

　　毕竟没有什么比区分（客观上）毫不受益的不幸与（主观上）恶习酿成的灾祸之间那细微的差别更难之事了！况且又有很多苦难是由这两种原因所共同造就的结果！需要多么渊博的知识才能准确地推断出每个人的性格及其所生长的环境呢！这是何等地博学，何等敏锐的辨察力，又是何等地冷静和理性！你又能在哪里找到如此的一位法官，他需要兼具高尚的良知、充裕的时间、杰出的才能和恰当的方式以展开如此的调查。谁有胆量让一位行将就木的穷人因为自己的过失而迈向死亡？谁又能耐心倾听他的哭泣和种种问题的原因？当个人救济的意愿在直面他人的苦难都会变得动摇时，公共财政的救济又真的能够取得成功吗？如果监察官的内心对上述这种颇易误导但极具市场的观点漠不关心，那么他们又是否对由此观点所引发的担忧也无动于衷呢？谁又能在行使如此可畏的权力以裁定同胞之中最为放荡、最为暴躁、最为粗俗之人的悲喜与生死之时不会心生畏缩呢？即便能找到如此无畏之人，又能找到几位呢？况且，如此的权力（要实现其功能）只能在有限的地域，更需要委派大量的监察员才能实现其功能。事实上，英国不得不在每个教区都委派了（济贫）监察官，这一切又不可避免地带来了什么样的结果呢？贫困的状况得到核实，但是贫困的原因却仍然无法弄清：毕竟前者是基于公开的事实，而后者须基于始终充满争议的推理过程才能得以确定（其原因）。由于（准许不合理的）公共救济只是间接地有损于社会，而拒绝救济会直接伤害穷人和监察官本人,那么监察官在抉择时就不应举棋不定。法律可宣称唯有无过失的贫穷才能得到救济,但在实践中所有原因的贫穷都会得到救济。我将同样基于经验对第二点展开合理的论述。

我们希望工作是救济的对价。然而,首先是否总有公共工程需要去做?这些公共工程又是否在全国各地均匀地分布,以能够避免有些地区很少的(穷)人需要承担很多的工作,而另一些地区许多受到救济的穷人却只需要承担极少的工作?如果上述难题始终存在,那么随着文明的发展、人口的增长、《济贫法》本身的影响以及穷人的比例——比如在英国已经达到了总人口的六分之一甚至(有人认为)四分之一时,这一难题是否最终会变得无法破解?

然而,即使假设总是有如此多的公共工程需要去做,谁又将负责决断紧迫之事、监督执行情况、确定工作报酬?为此,监察官不仅需要具有一位卓越的法官所需具备的素养,还需要拥有一位优秀的(工业)企业家的才能、精力和特殊的知识。他将感到如此的工作完全是基于外在的职责,而他在内心也根本无法产生如此的兴趣,即让自己充满勇气地强迫那些最为消极和最为堕落之人进行持续而有效的工作,如此的自欺欺人又真的是明智之举吗?在穷人满足生存需求的压力下,监察官不得不不停地为他们"创造工作",甚至如英国目前普遍存在的情况那样,在不要求劳动的情况下就直接支付报酬。法律应当是为人而制定,而不应是为一个看似完满但凭人性根本无法实现的世界,也不应仅仅是为人们提供他们通常难以企及的典范。

由此,构建起任何形式的"法定慈善"机制,并通过行政的方式予以运行都将产生一群无所事事的懒惰之人，而他们的生活是以消耗其他工人和劳动阶级的劳动所得为代价。这即便不是立刻产生的结果，至少也是不可避免的后果。如此的制度复刻了修道院制度除去伴随而来的那些崇高的道德和宗教理念之外几乎所有的弊病。这样的法律无疑是一枚埋藏在法律体系中的恶种。美国那样的社会环境中即便可以阻止这枚恶之种迅速地发芽生长，但也根本无法彻底摧毁它，即便这一代人可以暂时躲开由它而生的恶果，但他们的后代也必将最终吞下由前人们所种下的这些恶果。

如果人们近距离仔细地观察如此的立法在长期实施后对人们生存环境的影响，那么他们就可以轻易地发现其对社会公共道德的负面影响不亚于对社会发展繁荣的负面影响，而较之于使人（因为承担济贫税等原因导致）贫穷来说，它更大的问题在于使人堕落。

通常来说，没有什么比权利之观念更能提升和维护人之精神。权利的观念包含着某些伟大而刚毅的成分，使得人们在基于权利提出主张时不会带有哀求的意味。并将权利的享有者置于与权利的赋予者平等之地位。但是穷人被赋予获得社会救助的权利则并非如此，这一权利不仅不会提振享有者的精神，反而会进一步使其感到卑微。在立法并未构建起"法定慈善"的国家，穷人在向"私人慈善"寻求救助时，立即会意识到自己相对于其他同胞们的卑微，但他如此的意识仅仅是私下的并将逐渐淡忘。然而，当穷人被列入所在教区的济贫名册上的那一刻起，他固然可以要求救济，但如果不（部分）公开主张获得救济之人所经历的苦难、所处的弱势及其往昔的过失，又怎能赋予他获得救济的权利呢？一般权利都是赋予那些较之于同胞拥有某方面优长之人,而另一类(特殊权利)则是赋予那些被认为卑微之人。前一类权利无疑是阐明优越;后一类却是宣扬劣等并加以合法化。因而,一个人如若享有越多的一般权利就意味着他被授予了越多的荣誉;而一个人如若享用越久的救济权也就意味着他遭受了越多的嘲诟。

因此,以法律的名义请求救济的穷人,比以他自己的名义向同胞们请求怜悯的穷人受到了更多的歧视,而后者对所有人均一视同仁,视富人和穷人在法律面前人人平等。

除此之外,个人捐赠还在富人和穷人之间建立起了难能可贵的联系。捐赠行为把给予救济的捐赠者与接受救济的受赠者之命运连接起来。受赠者获得了他本无权要求或无望获得的救济,其感激之情必将油然而发。由此,(慈善)捐赠作为道德纽带将两个阶层联系在了一起,尽管这两个阶层因为利益与情感的共同作用已经被割裂开来,但他们仍然期待(通过私人慈善而被予以)调和。"法定慈善"则并非如此,其仍然(向被救济人)施以捐赠,但这种捐赠却不再含有(私人慈善所具有的)道德意涵。一方面,法律未经征询富人的意见就肆意剥夺了他们的部分剩余财产,而富人只是将穷人视为受立法者之邀请来分享他们财富的贪婪的陌生人。而另一方面,穷人对于无论任何理由都无法被他人拒绝给予的利益也丝毫不会含有感激之情。公共救济可以确保(穷人)生存,但不会使他们比从私人慈善那里(因为接受更多捐赠而)获得更多的幸福和惬意。毕竟"法定慈善"并不会消除社会中的贫与富。有一个阶层注定会带着恐惧和厌恶的眼光来看待世界,而另一个阶层则会带着绝望和嫉妒来理解自己的不幸。"法定慈善"不仅无法将世界产生以来就已经存在的两大敌对"国家"即富（人之）国与穷（人之）国联合起来，反而会将两"国"（基于"私人慈善"所建立起来）唯一的联系斩断。它将穷人和富人划归到各自的旗下并敲上烙印，再让他们彼此怒目相对而准备厮杀。

我在上文已经指出，公共慈善的必然结果就是使绝大多数的穷人变得越来越懒惰，而这份安逸却是以消费其他人的劳动成果为代价。如果富人的懒惰——一种沿袭于先辈、习惯于被人侍奉和服务而产生的懒惰，一种常常陷入公众非议却在心理上得以自满而被期望、在知识上（因为有空钻研等原因）获得满足而被追求、在精神上（因有闲思考等原因）进行历练而被道德化的懒惰——在我看来，如果这种懒惰滋生出了众多的罪恶，那么那种更为堕落的因卑劣而篡取、因不检而获得并可耻地乐享其中的懒惰又会带来什么呢？如此的懒惰之所以能够被（穷人）心安理得接受的唯一原因就是他们的灵魂早已经腐化和堕落。

对于一位已经失去同胞的尊敬这一自我发展的先决条件，并由此导致社会地位无望改善的人来说，当他追求的仅仅是满足基本生存所需的愿望已经获得了满足，而其命运似乎也不会变得更糟之时，又有什么是值得期待的呢？对于一个生活既没有希望也没有恐惧的人来说，他出于良知又能做点什么呢？毕竟他已如同动物一样看待自己的未来，目光已被现时卑微和短暂的快乐所深深吸引，他原始的兽性已使他无法察觉那些决定命运的根本因素。

当阅读了英国所有有关济贫法律制度的书籍，当研究了英国国会下令进行的调查,①当阅读了上议院和下议院针对这一法律制度面临的难题所展开的辩论之后,所有这些最终都化为了振聋发聩的哭诉之声——下层阶级竟然已经堕落到了如此的境地!私生子和罪犯的数量正持续快速地增加,贫困人口的数量也正在无法遏制地上升,穷人们更是变得对深思熟虑和勤俭节约的精神格外陌生。当人们在普遍接受国民教育,道德水平不断提升,审美品位更加雅致,言行举止更为优雅之时——穷人们却依然蜷缩不前,更确切地说,他们已然退化堕落。他们甚至可以被视为已经重返到野蛮人之状态。在满是文明所创造的奇迹当中,他们却似乎在模仿野蛮人的思想观念和行为倾向。

"法定慈善"对被救济穷人的自由之影响就如同对其道德之影响一样深刻,如此的论断则无疑非常容易证明。当地方政府被严格要求遵守救济穷人的职责时,它们所须救济的仅是居住在其管辖区域内的穷人。这是平等地承担法律规定所需缴纳的公共税负(即济贫税),并按比例由那些负有纳税义务之人合理承担的唯一方法。由于私人慈善在一个拥有高度组织化的公共慈善的国家中往往难以维系,任何因不幸或陋习而无法自我谋生之人都将受尽谴责,但他在死亡的威胁下不得不留在出生地以寻求救济。如果他离开就如同迈入

---

① 此处英国国会下令的调查应当是指由西尼尔等人针对旧济贫法及其实施情况所开展的调研,而这次调研所形成的《济贫法报告》(*Report from His Majesty's Commissioners for Inquiring into the Administration and Practical Operation of the Poor Laws*)也成为此后推动《1834 年济贫法》制定的重要原因和依据。——译者注

"敌国"。那些关心教区的居民甚至比那些训练有素的警察都更为积极和高效地监视着是否有外地（穷）人闯入教区。如果有外地（穷）人到来，他们就将像猎犬般时刻追踪其行迹，倘若外地（穷）人真想要寻找新的住所定居下来，那么他们就会立即向当局举报，并将这些外地（穷）人遣送出境。通过《济贫法》的实施，英国已经迫使大约六分之一的人口留在原地，像中世纪的佃户那样将他们拴在当地。此时，人们不得不违背意愿地继续留在出生之地。"法定慈善"使得人们甚至连迁徙的欲望都已消散。这是与中世纪的制度之间唯一的区别。英国人在这方面甚至走得更远，以至于他们在坚持应用公共福利原则之后最终收获了灾难性的后果。英国的教区为了追求济贫的功绩，甚至会将（本地）穷人强行记入（济贫）登记簿并赋予他居住权，但当（外地）陌生人穿着毫不显富并要来本地暂时居住或突遭无法预见的不幸时，市政当局会立即要求他支付保证金，以免他属于或沦为需要救济之（穷）人。如果这位陌生人不能提供保证金，那么他就必须离开本地。

因此，"法定慈善"不仅夺走了英国穷人的迁徙自由（la liberté locomotive）①，而且也夺走了那些可能沦为穷人之人的迁徙自由。

我想没有比摘录我在英国旅行的笔记中所记录下的片段更好的方法来描述这悲伤的景象了。在 1833 年，我来到英国展开了旅行。当其他人被这个国家的繁荣兴盛所深深地震撼时，我自己却开始思

---

① 托克维尔在此所用的法语表述为"la liberté locomotive"，其对应的英语表达为"freedom of movement"，亦即所谓的"迁徙自由"。——译者注

考这一国家(在民间)日益涌动的暗流。我认为在英国那被全欧洲所羡慕的繁荣景象之下实则掩盖了(民众所承受的)巨大的苦难。如此的观点则让我特别留意观察英国的济贫(法律)制度,以发现那些隐藏在看似健康和充满活力的躯体下令人恐惧而又难以承受之痛。

当时,我正住在英格兰南部一位身份显赫的人士家中,当地的治安法官(即"太平绅士")们被召集起来以裁判穷人起诉教区以及教区起诉穷人的(济贫)案件。这位富裕人士就是治安法官之一,我经常陪同他一起开庭。我在旅行笔记中记录了我第一次旁听庭审时的情景,而这些场景可以说就是对我上文所述内容精要的总结,我在此将丝毫不变地摘抄笔记中的那些段落以求还原出真实的庭审场景。

第一位来到治安法官面前的是一位老人。他的脸庞看上去红润而又诚实,戴着假发并身着上等的黑色服装。他无疑看起来像是一位富有之人。但当他走上法庭时却愤怒地抗议教区的处事不公。原来此人正在接受教区的救济,但他认为自己从公共慈善(基金)中所获得救济被不公平地减少了。为此,本案暂时休庭以等待教区管理人员出庭。

在这位脾气暴躁的老人之后,一位怀孕的年轻女人来到庭前。她所着衣装反映出她正身处贫困之中,而她憔悴的容貌更反映出了她所遭受的一切(痛苦)。她诉说自己的丈夫在先前出海远航,至此之后她就无依无靠也没有收到任何她丈夫的消息。她请求获得公共慈善的救济,但济贫监察官却犹豫是否应给她提供相应的救济。这个女人的公爹是一位非常成功的商人。这个商人就住在法庭所在之地,而法庭也希望他在儿子远航而无法承担抚养家庭的责任时能够承担抚养儿媳的责任。治安法官传唤了他，但他明确拒绝履行这一本应属于他但法律并未明确规定的责任。治安法官坚持他们的意见，并试图让他那自私的灵魂能够有所忏悔并施以援手（救济儿媳）。但治安法官的努力失败了，法庭最终只能判处教区承担原告所要求的救济。

在这位被遗弃的贫困女人之后，五六位年轻而健康的男人走到庭前。他们正值青春年少，但态度却非常强硬，甚至可以说是出言不逊。他们控诉自己的村长，理由则是村长拒绝给他们提供工作以及由于缺乏工作而拒绝提供救济。

村长则答复道，教区目前没有任何公共工程开工，也不允许无端的救济，而原告如果愿意可以轻松地在私人那里找到工作。

与我一起前来的某位爵士（Lord X）①告诉我："你刚刚近距离看到的仅仅是《济贫法》实施后所产生的滥用等诸多问题中的一小部分。第一位出庭的老人非常可能有自己的谋生手段，但他认为他有权要求获得救济以使自己生活得更为舒适。他厚颜无耻地要求获得公共慈善（基金）的救济，在人们眼中他早已抛弃了人所应当具有的自责和羞愧等秉性。第二位女人看起来诚实却遭遇不幸，如果《济贫法》从未存在，那么她的公爹自然会给予她帮助，但利益让他即便在

---

①　托克维尔在原文中用"Lord X"来予以代称，但学者们通常认为此处应当指的就是拉德纳爵士（Lord Radnor），即拉德纳伯爵三世（3rd Earl of Radnor），威廉姆·普莱德尔·布弗里（William Pleydell－Bouverie）。他于 1801 年开始担任下议院议员，并于 1828 年开始担任英格兰南部索尔兹伯里市（Salisbury）的法官（Recorder）。——译者注

内心上感到羞耻也仍然在口头上选择保持沉默,他将本应当由他承担的责任留给了公众。那几位后来出庭的年轻人,我知道他们,他们就住在我所在的村庄。他们是非常危险之人,确切地说就是一帮坏人。他们将自己在酒馆赚的钱一下子就挥霍干净,因为他们知道自己可以获得救济。正如您所看到的,他们因自身的问题在遇到一点困难时就向我们提起诉讼要求给予救济。"

庭审仍在继续。一位年轻女子来到庭前,后面跟着她所在教区的济贫监察官。她走上庭前时没有表现出丝毫犹豫,她的眼神也丝毫没有因为羞耻而变得怯弱。监察官指控她因非法两性关系而怀孕生子。

她非常坦率地承认了指控。鉴于她本身非常贫困,如果孩子的父亲仍然下落不明,那么这位私生子将与其母亲一起获得公共救济。监察官要求她说出孩子父亲的名字,法庭则要求她做出口头宣誓。她最终说出了一位邻里的名字,而这位邻里正作为听众坐在庭下,他非常坦率地承认了上述陈述的真实性。治安法官于是判决由他来抚养这个孩子。这对父母随即退庭,而如此的转变对于那些习惯于如此场景的听众来说没有引起丝毫情绪上的波澜。

这个年轻女人之后又来了另一位女人。她是自愿出庭,而当她走向治安法官之时,她展示出和第一位女性一样毫不羞耻的漠然神态。她宣称自己已经怀孕,并说出了腹中孩子父亲的名字。这位父亲并没有出庭。法庭宣布休庭以便传唤他出庭。

拉德纳爵士告诉我:"这同样是《济贫法》所造成的负面影响,这部法律导致的直接后果就是让公众承担了抚养被遗弃儿童的责任,他们也是最需要救济的穷人。《济贫法》导致教区也希望免于抚养那些亲生父母应当抚养但并未抚养的私生子，还进一步导致教区提起所谓的'生父确认之诉'(la paternité provoquée)①，并将证明（生父）的义务留给了母亲，在这类案件中还有什么比如此的证明更加自欺欺人呢？可以说，通过强制要求教区承担救济私生子的责任，又允许教区提起'生父确认之诉'以减轻救济这一沉重的负担，我们已经尽一切可能为底层社会的妇女从事非法行为提供了便利。而其结果则是，非法的婚外怀孕几乎总能改善她们的物质生活条件。如果孩子的父亲非常富裕，她们可以把婚外怀孕这一共同犯下的错误之责任推卸给他们。如果孩子的父亲非常贫困，她们就可以把救济（非婚生子女）的责任留给社会。而以上任何一种方式获得的救济都超过了养育婴儿所需支付的费用。因此，她们在如此的作恶过程中迅速致富，以至于那些多次怀孕的妇女往往被认为比那些坚守德操的少女更加值得迎娶，这无非是因为她们带着作恶而得到的嫁妆。"

我想再次重申：我并未修改摘录至日记中的这些段落的任何内容。我非常完整地摘抄了它们，因为在我看来这样才能给读者我正在分享事实真相的印象。

事实上，在我的英国之旅结束后，《济贫法》已经被修改。许多英国人喜出望外地认为这一修改将对那些（接受救济的）穷人的未来、

---

① 托克维尔在此所用的法语表述为"la paternité provoquée"，其对应的英语表达为"Paternity Suits"，亦即所谓的"生父确认之诉"，是指普通法上确认非婚生子女的父亲及其抚养关系之诉讼。——译者注

德性和数量产生重要的积极影响。我也想分享如此的期望，但我并不能这样做。这是因为新法（即《1834年济贫法》①）在当今的英国仅仅是再次重申了伊丽莎白女王在两百多年前所提出的原则。正如这位统治者所曾经提出的那样，英国将养活穷人的义务强加给了社会。如此的规定已经足够（造成诸多问题）了！所有那些我在上文中所描述的滥用都将由其滋生，就如同最高大的橡树源于一颗小小的能够藏在孩子手心中的橡子那样，它们只需要时间就可以迅速地生根发芽。真正需要制定的是一部法律能够普遍地、持续地、均衡地缓解贫困问题，但又不能增加贫困人口，也不能在维系生存之外助长懒惰，而懒惰以及其他恶习就如同一颗橡子，当这颗橡子被种下并随即生根发芽后，紧接着它将生叶、开花和结果，最终将会生长成为一整片的森林。

我在此绝不想评判那些"善行"，毕竟它们代表着最天然、最美

---

① 《1834年济贫法》（*The Poor Law* 1834，4 & 5 Will. IV c. 76）也被称为《1834年济贫法修正法》（*The Poor Law Amendment 1834*）或"新济贫法"（New Poor Law），其全称为《英格兰与威尔士济贫法修正和执行完善法》（*An Act for the Amendment and better Administration of the Laws relating to the Poor in England and Wales*）。《1834年济贫法》被视为对《1601年济贫法》亦即"老济贫法"的全面修改：在济贫机构上，建立了所谓的"济贫委员会制度"（Poor Law Commissioners），由委员会监管各地的济贫事务；在济贫方式上，从此前的"院外救济"（Outdoor relief）改为"院内救济"（Indoor relief），亦即规定接收济贫之人（Pauper）必须进入"济贫院"（Work House）从事相关劳动；在济贫原则上，确立了所谓的"低于舒适原则"（Less eligibility），亦即济贫院内的生活条件要低于那些获得最低工资的劳动者的生活条件，以此促使那些具有劳动能力者积极在院外劳动而非入院济贫。但上述"院内救济"和"低于舒适原则"也受到了大量的批评，并在此后被不断地修改（济贫院的生活条件等），而1948年颁布的《国民救助法》（*National Assistance Act* 1948）彻底废止了《1834年济贫法》。——译者注

丽、最神圣的美德。但我也认为不存在如此美好的定律，即任何基于美德的那些行为都将被视为"善"。事实上，我认为"善行"无疑是源于一种刚毅而理性的美德，而不是一种脆弱而肤浅的随想。它所需要做的是如何最有利于受赠者，而非如何取悦捐赠者，应当是如何最有利于多数人的福祉，而非如何救助少数人。这是我唯一认同的"善行"，任何其他形式的"善行"虽然也是源于高尚的本性，但在我看来它们已经不配冠以美德之名。

　　我认为私人慈善几乎总能产生有益的结果。它专注于（解决或者至少是缓解）那些最为深重的苦难，它致力于探寻而非公开不幸，它总是默默地、积极地尝试弥补创伤。哪里有不幸发生，哪里就有私人慈善的身影。它随着苦难的产生而不断地发展。然而，不能盲目地依赖私人慈善，毕竟当面对成百上千起（急需救济）事件一起发生时，私人慈善就可能会（因为难以应对而）陷入停摆。事实上，人们在急需它时并不一定能及时寻找到它，它也不会在每一次痛哭声响起时悄然出现。

　　我承认通过规范救济，并将心向慈善之人（通过建立组织）团结起来无疑将为私人慈善事业（la bienfaisance individuelle）①注入新的活力和动力。我承认公共慈善不仅有效，而且在应对必将出现的不幸之人如那些无助的婴儿、羸弱的老人以及身心的疾病时必不可少。我甚至承认在上帝表达对这个国家的愤怒而亲手降下灾难时，公共

---

　　①　托克维尔在此所用的法语表述为"la bienfaisance individuelle"，其对应的英语表达为"individual philanthropy"，亦即所谓的"私人慈善事业"。——译者注

慈善能够暂时发挥应有之功效。然而,国家救济就如同意外一样属于无意而为,如同不幸一样属于暂时之事。

我甚至理解公共慈善为穷人的孩子开设免费学校,以教授他们通过劳动获得物质生活必需品所需的知识。

但我仍然深信任何旨在长期性、普遍性地为穷人提供救济的行政制度,其所滋生的苦难将远多于其所治愈的苦难,将会使那些受其救济和安抚之人变得堕落,将会使富人减少到比穷人中佃户还少的地步,将会使积蓄的源头干涸,将会使资本的积累中止,将会使贸易的发展受阻,将会使人类工业和活动停滞,并终将会使这个国家陷入暴力革命。当接受救济之(穷)人在数量上变得和给予救济之(富)人在数量上一样多时,当穷人不能再从变得清贫的富人那里满足其需要时,他们将会发现一次性抢走富人所有财产远比请求给予帮助更为容易。

让我们进行简要的总结:现代文明的不断发展必然伴随着人口中需要获得慈善救济的人口比例升高。对于如此的不幸又能如何补救呢? 首先被提出的方式是"法定救济"(Legal Alms)——各种形式的"法定救济"——有些是无条件的,有些是隐藏在报酬名义下的,有些是偶尔和暂时的,有些是常规和永久的。但通过深入的调查随即可以发现,"法定救济"看起来既合乎情理又非常有效,但实则是非常危险的权宜之计。它提供给那些遭受苦难的穷人的仅仅是虚伪而又短暂的慰藉,反而会激起社会(其他)的病痛。由此,我们只剩下私人慈善这一选择。它能够产生有益的结果,它的弱势恰恰保证了不会发生危险的后果。它减轻了许多的苦难,却没有滋生更多的苦难。但私人慈善在应对工人阶级的逐步扩展以及文明在提供各种各样物品(用以满足需要)的过程中伴随而来的不幸时又显得仍然太弱。私人慈善足以应付中世纪时所发生的苦难,当时的宗教热情使私人慈善积累了大量的资源,当时的(救济)任务也尚属简单,但私人慈善在当今的(救济)任务日渐艰难且资源逐渐减少的背景下又能否有效地应付呢? 诚然,私人慈善是一支强大而不可忽视的力量,但过度依赖则无疑显得过于草率。它仅仅是(救济)方法之一而非唯一方法。那究竟该如何应对? 我们应当向什么方向展开探索? 我们如何缓减已然预见而无法治愈的那些苦难呢?

至此,我已分析了通过公共财政的方式应对济贫问题的方法。但这是唯一的方法吗? 相对于考虑如何缓解不幸,考虑如何阻止不幸的发生是否是更好的方法? 如何预防人口(在产业之间)的过快流动,以使得更多的人口继续依靠农业而非投身工业生产以生存,直至工业生产能够轻易地满足他们的需要? 如何确保国家财富的持续增长,并预防一部分创造财富之人反过来诅咒他们所创造的繁荣? 如何在工业产品生存和消费之间建立起一种更为持久和精确的关系? 如何帮助工人阶级储蓄财富,以使得他们在工业危机来临之后能够免于饿死而直至情况转好?

此时,我研究的思路愈发地开阔。我研究的主题不断地拓展,我看到一条新的道路逐渐浮现,而此时我还无法细致地解析。现在这篇论文对于我现在的研究主题来说仍然太短,并且已经超出了我曾经所设定的篇幅限制。对于预防贫困的对策将是我第二篇论文的主题,而我希望明年能够恭敬地呈交给瑟堡皇家学会。这第二篇论文将是我所有思考的结晶。

再论济贫法①

我在前一篇论文中试图说明,当今私人慈善抑或公共慈善都无力治愈穷人的痛苦,我至今仍未找到阻止这些不幸发生的有效方法。

鉴于上述研究对象并没既有的限定,所以我认为有必要依据对本文研究的对象予以限定。

本文的研究对象是那些随时可能陷入困境而需要获得救济的穷人,我们大致又可以将他们区分为两大类:第一类穷人属于农民阶级;而第二类穷人则属于工人阶级。对以上两类研究对象所享有的权利将在本文所允许的范围内尽可能详细地予以探讨。

我对(那些可能陷入困境的)农民阶级将只做简要的论述,因为

---

① 《再论济贫法》(*Second mémoire sur le paupérisme*)是托克维尔在 1837 年撰写的论文,该文在他生前没有公开发表,直到 1989 年才首次公开并被收录在《托克维尔全集》第十六卷中,See *Oeuvres complètes*,Tome 16:Mélanges,Paris,Gallimard,1989。由于公开较晚,《再论济贫法》的英译版本相应也出现较晚,莱比锡大学(University of Leipzig)的尼科斯·普萨罗斯教授(Prof. Dr. Nikos Psarros)于 2016 年翻译了该文,这一版本的译文可见于 https://www. researchgate. net/publication/307593573_Alexis_de_Tocqueville_Second_Memoir_on_Pauperism。《再论济贫法》最新的英译本则可见于 Alexis de Tocqueville,*Memoirs on Pauperism and other Writings*,Edited and translated by Christine Dunn Henderson,University of Notre Dame Press,2021。本文在翻译的过程中综合参考了上述的各个版本。——译者注

他们未来似乎不会面临巨大的（生存）威胁。毕竟法国已经废除了"替代（继承）"制度（Les Substitutions）①，平等的观念也已经深深地融入习惯和法律之中。因此，土地在法国肯定不会像欧洲的某些地方那样集中在少数人手中。

但土地过于分散，一方面，可能会有碍于资本集中到那些具有革新意愿的土地所有者手中，进而在短期内不利于农业的发展；另一方面，众多分散的土地却也有助于防止需要救济的农民数量进一步增加。在农民没有土地所有权的英国，那些反复无常又贪婪成性的地主们会突然将可怕的灾难施加在他们身上。这无疑很好理解，因为不同种类的作物或者说不同类型的农业并不需要相同数量的农民。

举例来说，当您将玉米地改建为牧场之后，一名牧羊人将随即取代一百位农民。而当二十个小农场被改建为一个大农场之后，以前需要四百只手耕种的田地，现在只需要一百个人就足以耕种。从农

---

①　此处所指的"代替（继承）"制度最早出现在罗马法中，其目的在于防止出现逝者没有遗嘱继承人的情况出现。法国法上的"代替（继承）"允许立遗嘱人进行两次处分，即在第一位继承人或受遗赠人（因为死亡等原因）无法继承或者接受遗赠时，可以指定第二位继承人或者受遗赠人。"代替（继承）"制度可以分为两类，即"信托代替继承"（La substitution fidéicommissaire）和"一般代替继承"（La substitution vulgaire），前者是指在第一位受遗赠人无法接受遗赠时，可以由第二位受遗赠人接受遗赠；后者是指在第一位继承人无法接受继承时，可以由第二位继承人接受继承。"代替（继承）"制度接近于英美法系的信托制度（两者都源于罗马法中的信托赠予或遗赠，即"fidéicommissum"），但是两者的差异在于信托制度中的"受托人"（Trustee）往往不是受益人（继承人或受遗赠人）。但在"代替（继承）"中的第一位继承人或受遗赠人则可以成为事实上的继承人或受遗赠人。法国在1792年废止了"代替（继承）制度"，并随即确立了"禁止代替（继承）原则"（La prohibition des substitutions）。——译者注

业技艺的角度来看,把玉米地改建为牧场,把小农场改建为大农场,也许可以视为进步,但在如此的尝试之后,农民们则必然要承担相应的代价。一位富有的苏格兰地主曾经向我描述了管理模式和耕种技艺的改变,是如何迫使三千名农民离开他们世世代代居住之地而去寻找新的谋生之所。因此,每当新的机器被发明出来之后,苏格兰地区的农民就会发现自己面临着与工人同样的(失业)问题。

类似的事件使得农民阶级中需要获得救济的人数持续上升,但并不会在工人阶级中造成相似的影响。那些被迫离开土地的农民试图在作坊和工厂里找到栖息之所。因此,工人阶级的数量不再简单地伴随着工业生产的需要而相应地零星增加,而是会随着农民阶级遭受的灾难而人为地突然增长,这种增长将很快造成(工人数量)过剩,进而破坏消费和生产之间本该时刻保持的平衡。

土地所有权集中在少数人手中,不仅会导致一部分农民因此遭受各种苦难,而且还会使许多农民沾染上那些终将使他们陷入苦难的观念和习惯。

我们亲眼见证了什么?谁虽然身处下层阶级却更愿意放纵无度而无视明天只求今朝?谁又处处表现出缺乏远见?又是谁过早而轻率地缔结了那些似乎只是为了增加这个世界上穷人数量的婚姻呢?

上述问题的答案显而易见。这些人正是那些除了自己的双手,再无其他财产的无产阶级。人们又是否意识到,当他们拥有一小块土地,无论这块土地多么小,他们的观念和习惯都会随之改变?人们又是否预见到,当拥有土地(所有权)之后会激发人们对未来的思考?他们将会变得警惕以防止他们所拥有的宝贵财富又得而复失。

只要他们认为有办法使自己和子女免于苦难，他们就会竭尽全力以求避免落难，以此通过暂时的辛苦换取长久的幸福。这些人并不富有，但他们已经具有变得富有所需要的品质。富兰克林曾经说过，只要有了秩序（ordre）、活动（activité）和经济（économie），那么通往财富的道路就像通往市场的道路一样便捷，[①]他所说的无疑非常正确。

因而，并不是贫穷使农民变得粗鲁和脏乱，因为仅仅拥有一小块土地时，他们仍然会非常贫穷：毕竟当一个人没有任何财产时，致富纯粹依靠的是运气。

此外，在我看来，没有任何途径比土地所有权更能使人直观地感受到秩序、活动和经济。

在此，我将以英国为例予以说明。英国的农民大致上比法国的农民更有见识，而且他们也如同法国的农民一样勤奋。但为什么当法国的农民对未来连基本的概念都没有时，英国的农民也普遍对未来漠不关心呢？这些性格冷静之人为何会变得如此毫无规划？这无疑很容易解答：英国的法律与习俗共同决定了没有一块土地会落入穷人的手中。因此，穷人的幸福甚至生存都并不取决于自己，而是取决于富人的意愿。对于富人的意愿，他们所能做的无疑非常有限。

---

① 富兰克林的这段话出自他在 1748 年给年轻朋友的一封广为流传的信件，即《一位老商人给年轻商人的建议》(Advice to a Young Tradesman, Written by an Old One)。但有趣的是，富兰克林在信中指出，"（要想富有）需要依靠的两个词是勤勉（Industry）和节俭（Frugality），换言之，既不应浪费时间也不要浪费金钱，而是应有效地使用两者"(It depends chiefly on two Words, Industry and Frugality; i. e. Waste neither Time nor Money, but make the best Use of both.)。——译者注

富人则可以根据意愿拒绝或给予穷人工作的机会。由此,对于英国的农民来说,土地(所有权)对于自己的未来不会产生直接的影响,因而也就不再关心甚至开始淡忘土地(所有权)的存在。

事实上,防止农民阶级陷入(需要救济的)贫困最为有效的办法无疑是将土地所有权进行分割。这种分割存在于当下的法国,因而在此没有人会担心(由于土地集中所)产生那种影响深远而又范围巨大的苦难。但是我们仍然应当提升这些阶级生活的舒适程度,以使得人们遭受的苦难更轻和更少。当然,政府和所有负有良知之人均负有工作的义务。

但是为了实现上述目标而应采取何种方法已经超出了本文探讨的主题。

如果说法国的农民阶级不像其他国家的农民那样会遭受无法避免的磨难,那么工人阶级所遭受的磨难则一点不比其他国家来得少。我们的举措成功地避免了农民阶级遭受种种的苦难,但却未能成功地帮助工人阶级避开诸多的不幸,而且将来能否真正避开也仍然值得怀疑。

人们尚未找到一种与土地所有权相似的方式,在不影响生产力的前提下对工业的所有权进行分割。工业在现代国家中仍然保留着贵族制的样式,而孕育贵族制产生的制度和风俗却已然逐渐消失。

迄今为止的经验表明,为使企业变得更能营利,就必须把资本集中在少数人手中。因此,少数人不仅拥有了巨额的财富,而且还雇用了大量的工人为他们工作,而这些工人则可谓身无分文。这正是当代法国工业所呈现出的图景,也是中世纪曾经出现过的境况,也将会发生在欧洲大部分尚且主要从事农业生产的国家之中。

然而,结果无疑将是相似的。今日的工人就像昨日的农民一样,没有任何个人财产,没有办法确保自己在未来能够安宁地生活,也没有任何可以通向富裕的道路,这也使得他们对于任何无法享用的东西都显得漠不关心。

工人们的漠不关心使得他们在直面任何可能陷入贫困的危机时都会显得孤立无援。

然而,在作为无产阶级的工人和农民之间存在着一个重要的差别——就农民而言,撇开因为缺乏远见而遭受的灾难,那些他们无法预见的各种突发灾难并不会威胁到其他人(和阶级)。

但当危机发生在工业领域时,其影响力将会比农业领域大得多,正如我们即将解释的那样,工业领域所面对的突发危机往往在农业领域闻所未闻。

这些无法预见的灾难源于经济危机。

我们可以将产生经济危机的原因归纳为以下两类:

第一类,当工人数量增加,但产量没有增加时,工资随即将会下降,进而导致经济危机的产生;

第二类,当工人数量不变,但产量相应下降时,工人随即变得过多,进而导致经济危机的产生。

我们已经发现,法国较之于其他工业化国家会较少地遭受由第一类原因所引发的经济危机之影响,因为我们国家的农民阶级未曾遭受来自工业的突然而又强烈的冲击。

而且较之于其他工业国家,法国也很少遭受由第二类原因所引发的经济危机。这是因为法国并不太依赖于对外贸易。对此我将作如下的解释。

人们可以轻易地发现,当一个国家的工业生产依赖于遥远甚至不知名的他国的(各种主观或客观)需要,而这些需要又会因为不可预见的原因而变化时,工业危机的阴影将使得人们总是提心吊胆。与此相对的是,当一个国家的工业产品的唯一消费者或者主要消费者均来自国内时,其需要和偏好往往不会突然发生出人意料的转变,因而生产商可以预先发现这种转变,且这种转变也往往是渐进地展开。事实上,这种转变也许会在交易过程中产生一些问题,但极少会因此爆发危机。

在我看来,世界无疑会朝着所有国家都平等地实现高度文明的方向发展,换言之,各国之间会存在诸多的共性,因而它们都将能够生产满足它们需要和享受的绝大多数产品。到那时商业危机不仅会变得越来越少,而且其影响也会越来越弱。

但这样的一个时代离我们依旧遥远,当今世界各国在知识、力量和工业等方面发展依旧不平均,因此其中一些国家可以生产其他国家所需要的绝大多数物品。而那些工商业的企业经营者能够轻易地积攒大量的财富,但他们仍然时刻感受到可怕的经济危机的威胁。这也正是英国当下的现状,法国现今虽然不如其富饶但却更为稳定。

法国只出口了百分之……产品①,其余产品则都留在了国内市场。法国国内的消费数字连年上升,而其新增的消费者一般也都来自法国国内。

因此,法国的商业危机并不会像英国那样频繁、普遍和残酷。但是我们不能保证永远不会发生危机,因为即使在一个国家内部,也没有任何已知的办法来精准而又持久有效地平衡工人和劳动力、消费和生产之间的数量关系。

由此,无论造成灾难的普遍和永恒的原因究竟是什么,我们均可以预见工人阶级将不断地遭遇到各种危机。因而,必须保护工人阶级不受那些会使他们深陷其中而又无力反抗的危机之伤害。

那么现在的问题是:如何使人们知晓应当采取什么样的预防性措施以抵消危机所带来的种种(负面)影响。

我认为要解决上述问题之关键是:必须找到一种方法以使工人们能够像小农场主那样重新拥有希望和财产意识。

我认为存在两种主要的方法:第一种方法,也是看上去似乎是最有效的方法,即让工人们直接获得工厂的部分权益。这将使工人阶级产生类似于在农民阶级中(重新)分配土地所有权相似的效果。

---

① 托克维尔在此并未注明准确数量,在此后有关论述中也并未注明,说明本文似乎并未真正完成,而未完成的主要原因则似乎是为了集中精力完成《论美国的民主》下卷,这可以从托克维尔在 1837 年 1 月 11 日寄给《1834 年济贫法》的主要立法者拿索·威廉·西尼尔(Nassau William Senior)的信中发现端倪,See Correspondence and Conversations of A. *de Tocqueville with Nassau William Senior from* 1834—1859, ed. M. C. M Simpson, in Two Volumes (London: Henry S. King & Co. , 1872). Vol. I, pp. 17—18. 这封信件的中译文本可见于本书的下编"与立法者《书信和对话集》摘录"之中。——译者注

当然,如若想讨论实现上述方法的各种具体方案则必将大大超出本文篇幅的限制。

因而,我在此只简短地阐述一下上述两种方案的成功所需应对的两大障碍。其一,资本主义工业的企业家们对于将一小部分利润分配给工人们或者是允许工人们对公司在可以交托给他们的范围内进行小额投资表现得毫无兴趣。在我看来,从他们的利益角度出发,如此的做法无疑非常错误,但是强迫他们接受既不公平也无益处。

其二,每当工人们想成为资本家,想要形成联合、筹集资金以及以联合企业的方式管理他们的产业时,最终都将不可避免地失败。混乱将很快就会动摇他们的联合,要么是(源于)员工缺乏忠诚,要么是(源于)资金难以保障,要么是(源于)信用几乎为零,要么是(源于)商业关系有限。最终,在经历了一场毁灭性的竞争后,联合将被迫解散。这种工人阶级自发尝试的联合反复呈现在我的眼前,尤其是在最近的七年中,但无一例外都以失败告终。

尽管如此,我依然倾向于相信在不远的未来诸多行业都将以这种模式来管理

随着工人们获得更多的知识和更强大的技能,他们将会通过和平且合法的方式加入管理中以实现共同进步。而如果政治因素不介入到行业协会,同时政府在符合其目标的范围内不反对甚至支持他们的意愿,我相信这种联合将会迅速而蓬勃地发展起来。我相信在这个民主的世纪,各种普遍性的联合应当逐渐取代由少数有权势之人主导一切的现状。

因此,我相信建立工人行业协会的思路终将极富成效,但我认为

在当下实施仍不成熟。因而,我们在现今还必须寻求其他补救的办法。

既然我们不能将工厂的(部分)所有权分给工人们,但至少可以帮助他们用他们从工厂获得的工资来创造一笔相对独立的财富。

储蓄为工人们提供了一种将他们的工资简便而又安全地实现资本化进而获利的方法。这也是当下社会唯一可以采取的用以应对财富不断集中在少数人手中,进而产生各种负面效益的方法,它有助于工人阶级养成绝大多数农民阶级普遍具有的(获得)财产意识和习惯。

由此,整个问题就被简化为应当寻找一种能够使穷人积累资产,并使他们的积蓄发挥效益的方法。

第一种办法,也是法国迄今为止唯一曾经采用的办法,即建立储蓄银行。

我接下来将探讨储蓄银行的发展。

法国储蓄银行的运行模式不尽相同。然而,所有这些储蓄银行都可以被视为是这样的一种机构,即它们将穷人的储蓄交到国家手中,再由国家负责使之增值并给予百分之四的利息。

这种机制几乎与英国的一样好,且英国提供的利息还低于我们(储蓄银行)的利息。

那么上述的补救方法又是否会带来更大的危险呢?

我首先注意到,国家向穷人的储蓄支付百分之四的利息,但与此同时,国家则可以轻松地以百分之二点五到百分之三的利息(向他人)借到钱。因而,国家仅仅是特殊的存款人就需要额外支付百分之一甚至更高的本无必要支付之利息,由此导致的最终结果就是催生出一种事实上的济贫税(taxe des pauvres)①,而这种济贫税则是政府为了救济那些贫困之人而强加给所有纳税人的。

国家能承受这种负担多久? 它又是否愿意承担呢? 这些仍然值得怀疑。

近年来,储蓄银行的存款金额逐年上涨,并已超过一亿法郎。英格兰的存款金额已经达到四亿法郎。而在只有两百三十万居民的苏格兰,相对贫困的人们储蓄金额也已达到近四亿法郎。

如果法国最贫困的阶层将四到五亿法郎的资金交由国库来管理,而这笔资金又属于定期储蓄,并且可能需要支付百分之四的利息,那么这样的条件国家能够接受吗? 纵使利息不幸被减少,如此不寻常的一笔巨额存款难道不也会令人感觉棘手吗?

事实上,我们现今的储蓄银行对于财政部来说也显得非常棘手。它能否为穷人和其他(储蓄的)民众提供必要的担保呢? 我认为很难。

国家又如何使用这些从法国各地聚积起来转交至它手中的存款呢?

这些存款是否会被用来支付国库的日常开支? 当储蓄银行的存款越来越多之时,国库的需要却相对有限。因而,总有一天,政府(通过接收存款所获得)的收入将会超过支出,由此导致"非生产性资金"

---

① 托克维尔在此所用的法语表述为"taxe des pauvres",其对应的英语表达为"poor tax",亦即所谓的"济贫税"。——译者注

迅速增加。这也正是最近我亲眼之所见,当晚近的《储蓄银行法》(*loi sur les caisses d'épargne*)颁布之后(1837 年 2 月)①,财政部需要考虑如何支出存在银行的四百万法郎存款,这笔存款还需支付给存款人百分之四的利息,这对于国家来说没有任何好处,并且这些钱也完全退出了流通,这无疑是非常令人遗憾的。

上述问题也使得一位参与了新法讨论的人士提出,应当增加开支进而有效地使用上述存款,其他参与讨论的人士沿着上述观点进一步提出,大型公共工程的费用应当从工人的储蓄中支出。因为这些工程无法为国家创造利益,并最终会使穷人存入国库的存款所获得之利息进一步降低。这显然将是一种改名后强加给穷人的税。

如果国家不使用储蓄银行的存款来满足国库日常的开支,那么它就必须将其投资到能够带来适当利息之处。我们可以很容易地发现,如果说存在适当之处,那么也就是用来购买债券。国家在接收这些存款时,负有在存款人要求时予以立即兑付的义务,因而它也应当将钱用以可以立即兑付之处,以此能够及时满足那些存款人(也是债权人)兑付的要求。由此,现在只有可转让公债才能满足如此便利之需要。国家以财政部或者以信托投资局(Caisse des Dépôts et Consignations)②为代表,将穷人的存款用以购买公债。但这也存在

---

① 根据法国 1837 年 3 月 31 日生效的《储蓄银行法》,储蓄银行不再接收存款,而接收存款的责任则转交给信托投资局,并由国库相应提供担保。——译者注

② 法国信托投资局建立于 1816 年,其作为政府机构专门从事有关公共基础设施建设和国家社会经济发展的中长期项目投资。事实上,信托投资局所投资的项目范围较广,但这些项目均侧重于满足那些(仅靠)市场无法满足的需求。——译者注

一系列的弊端,尤其存在如下问题:当穷人存款之后,国家将会用存款以更高的价格购买债券,这是因为国家需要一次性购买大量的债券;如果那时出现了某种恐慌或者真正的灾难,而穷人又急需用钱,就必须通过以较低的价格卖掉债券的方式来予以兑付,这是因为需要一次性抛售大量的债券。由此,国家将会处于一种非常不利的境地——它必须高价购入债券而又低价抛售债券,结果即是亏损。

我认为上述事实无人会提出质疑。

因而,穷人存在国家手中的钱很容易使国家付出高昂的代价,更糟糕的是,这些存款还可能产生无法预见的额外费用。

不仅如此,这(国家接收大量的存款)又是否符合国家的总体利益和安全呢?从经济的角度来看,我认为不断地将各省本可用来发展地方经济的一点一滴资金都吸储到中央无疑是有害的。尽管我知道其中一部分资金将以公务人员工资和公共工程基金的形式又回流到地方……但资金从中央向地方的回流不仅缓慢而且往往还时断时续。事实上,大部分资金流向的是那些向国库上缴资金最少的省份,以及那些更为贫穷、更加落后,并对建筑、道路和水路有着更大需求的省份。此外,穷人的储蓄从来没有一丁点以工资或者社会福利的形式返还给他们。特别是在新法执行之后,绝大部分资金将会被投入公共基金之中,并最终将落入巴黎的工商界和年金(债券)受益人的手中。

如果我从纯粹政治的角度进一步来考虑上述体制,那些危机的爆发也随即使我陷入了更深层次的思考。

我认为将一个国家内所有贫困阶级的财富集中在一类人手中就

犹如将其集中放在一处。尽管通常认为不太可能，但绝非不可能的是，(可能发生的某些)突发事件将会轻易地毁掉贫困阶级仅剩的财富，进而将整个贫困阶层带入绝望的境地。而当他们一贫如洗之后，贫困阶层将轻易地沦为依附他人之物。

在过去的一百年中，国家不止一次地破产：旧王朝破产了，共和国也破产了。在过去的五十年中，法国政府已经彻底改组了七次，并改制了多次。与此同时，法国经历了二十五年的可怕战争和两次全面入侵。回忆这些往事是痛苦的，但铭记历史无疑是明智的。在我们身处的这个转型的世纪，也被称为是漫长动荡的世纪，在如此的一个世纪中，无论政府的形式是什么以及它当下的领导者是谁，将如此多(穷)人的财富交到政府手中真的是明智的吗？我对此绝不赞同，除非有人向我证明如此做的必要性。

除此之外，人们还必须警惕的是，政府不仅会侵占穷人出借给它的资金，而且作为贷款人还可能会因为鲁莽行事而导致借款人无力还款，进而走向破产。

那么储蓄银行的目的究竟是什么？其目的应当是使穷人能在繁荣之年逐渐积攒资金，在不幸降临之时则可用以渡过难关。因此，基于上述目的，储蓄银行应当对于小额存款做到随时可以取用。

但在国家面临危机之时，在爆发革命之时，当无法兑付公众存款的那些真真假假的恐惧攫住人们的神经之时，国家有可能不得不需要支付数亿法郎的现金。然而，谁又能预见如此的事件会对法国的贫困阶级产生什么样的影响呢？

值得称道的是，晚近制定《储蓄银行法》的目的正是消除巴黎工人阶级那些毫无依据的恐惧,查尔斯·杜宾(Charles Dupin)[①]试图在该法中对法国储蓄银行的存款设立最高额限制,这一限制的数额被设定为二点五亿法郎,这个数额已然很高,但仍然在国家可以应付的数额之内。

人们无法用英国尤其是苏格兰人口刚刚超过两百万,但其仅仅建立了三十六年的储蓄银行就已经吸收了价值超过四亿法郎存款的例子来反驳杜宾。杜宾对此回应道,英国的下层阶级无法拥有地产,也无法将积蓄作为存款存入储蓄银行。

这无疑是事实,但其后果则显然被夸大了。这些储蓄是为了购买土地或债券,除此之外并没有进一步的打算。这么做的理由仅仅是储蓄,而非为了储蓄所应追求的最终目的。

我甚至可以说,如果在法国农民阶级中能够树立起对储蓄银行兑付能力真实而又绝对的信心的话,那么人们会发现将有比英国更高比例的资金存入储蓄银行。其中原因非常简单:在我们当中,农民较为勤奋,他存钱的目的却只有一个,那就是购买土地。因此,他们的资金只有唯一的用途,甚至可以说没有用途(仅仅是为了购买土地)。因此,法国比其他国家有着更多的小额资金可用于储蓄,如果农民不是出于本能的恐惧,那么他们必然会选择储蓄,但以往的经历

---

① 查尔斯·杜宾是法国数学家和经济学家,他早年的兴趣集中在数学(尤其是几何学)及其在经济学领域的应用,并于 1818 年被选任为重建后的法国科学院(Académie des Sciences)院士。但在 1827 年之后,杜宾开始将精力投向了政坛,当选国会众议会议员(1827—1837)等职,并在 1834 年被任命为海事部长(Ministre de la Marine)。在 1837 年,杜宾在议会上反对《储蓄银行法》草案相关的限制性规定,由此引发了托克维尔在本文中的探讨。——译者注

并未使他们的恐惧减弱,并使得人们仍然紧握手上的资金而不敢储蓄。

显然,随着恐惧感不断地增强,法国的穷人们开始变得惯于寻找能够更好地使用积蓄之处,小地产主们不再将他们的一分一厘都藏在屋内的某个角落直至可以用来购买新的土地,让这一小部分资金毫无价值地长期暴露在成百上千种的危险之中,而正如我所说的是把他们的储蓄存入储蓄银行,直至某天把它们取出来以购买他们所渴望的土地。(将资金存入)储蓄银行是唯一适合这类小地产主们的投资,他们存钱是为了购买相邻的小块土地,这就需要他们能够方便地存取资金以便能够抓住稍纵即逝的机会。

法国农民对土地的偏好,不会或者说至多会些许有碍于储蓄银行存款的增加。事实上,唯一阻挡存款增加的因素是穷人能够储蓄的财力,以及在何种程度上让他们能够充分地意识到从保护自身利益的角度来说,不应将自己的积蓄存放在无法增值和面临危险之处。

我们必须充分理解的是:人民就如同个人一样,回避真相将得不到任何好处。与此相反的是,人民以及个人都应当直面真相,以尝试在一堆坏事之中找到解决问题的方法。

那么所有这些可以得出什么样的结论呢?

简要地说,我并不认为现有形式下的储蓄银行将会造成严重的危险:它们显然没有造成危险。我甚至认为即便我们无法找到一条消灭潜在危险的方法,我们仍然应当建立储蓄银行。事实上,由于(主观上)缺乏先见以及(客观上)济贫制度不仅在现今引发了大量物质与精神上的痛苦,而要找到有效的解决这些痛苦的方法也看似无望,甚至可以说根本就不存在。所有这些已经足以让我得出结论。

我认为,如果我们相信当下所见的储蓄银行就是解决未来(那些物质与精神上)痛苦的方法,并且始终将它们视为是一种灵丹妙药,那么这显然是不明智的。如今的经济学家和政治家们不仅不应沉醉在这一虚假的迷梦所构建的安宁之中,相反应当以如下两方面为目标:一方面,应当完善储蓄银行的内部机制;另一方面,致力于通过寻找其他资源以改善穷人的经济状况。

虽然储蓄银行是让穷人们意识到应当进行储蓄和赚取利息的好办法,但它并不可能永远都是穷人们储蓄的唯一安全之处。

让我们再简要地思考以下两个问题。

在此,我并不打算研究也不打算指明所有可以用以完善储蓄银行系统的方法。这无疑超出了本文(主题和篇幅)的限制。我只是想(在思考后)阐明完善储蓄银行所应当遵循的"基本原则"及其最需"应用之处"。

在我看来,国家不应试图将尽可能多的储蓄银行存款吸纳到国库和公共基金之中,而是应该在其能力范围内集中全部力量,在其担保下将这些小额资金用于地方,以此避免国家遭遇大规模的突发性挤兑。这就是完善储蓄银行的"基本原则"。

我必须说,上述"基本原则"最需"应用之处"在于:法国现今的城镇普遍都存在被称为"虔诚之峰"(mont—de—piété)的典当行。这些典当行无疑属于高利贷机构,因为它们通常在无风险的情况下借贷的利息也会高达百分之十二。这些典当行所赚取的钱财被用来维持济贫院的运行,因而建立此类机构可以被认为是为了在毁掉穷人之后,能够给予这些悲惨之人一个栖身之所。

以上看似简单的阐述实际上已经说明了一切。显然,出于贫困阶层的利益,出于公共秩序和道德的要求,我们必须为济贫院提供其他的收入来源。

由此,当"虔诚之峰"和救济院之间的联系被切断之后,自然就应当将"虔诚之峰"和储蓄银行联系起来,将它们两者合为一体后变成统一的机构。

在这一机构中,政府一只手在获得储蓄存款后,另一只手就可以将这些存款再分配出去。那些有积蓄的穷人将会把存款交到政府手中,而政府在获得抵押之后,会再将这些存款借给那些有需要的穷人。政府在双方之间只扮演中介的角色。从本质上来说,也就是将那些节俭或者受到命运眷顾的穷人们的存款有息地借给了那些懒惰或者未受命运眷顾的穷人们。

当下已经没有比这更简便、更实用、更道德的制度了,因为如此使用穷人的储蓄不仅不会将国家置于风险之中,也不会给穷人们带来风险,毕竟没有什么比有抵押的贷款更安全的了。

由于借款人支付的利息只会被用于支付穷人存款的利息,那么此时将会产生两方面有益的结果:一方面,那些需要借款的穷人不再需要支付高额的利息;另一方面,那些进行存款的穷人也可以获得更高的利息。前者所需支付的利息可以降低到百分之七,后者能够获得的利息可以提高到百分之五,这无疑是一个双赢的局面。

当然,公共灾难的确会不时地发生,存款人为此会尝试从储蓄银行中取出他们的存款,而与此同时,向典当行申请借款的借款人数量则会不断上升。此时,尽管政府从前者接收的存款会减少,但它向后者提供的借款则会增加。

由此,我们可以轻易地发现,那些所谓的危险只是看起来存在,但并不会真正发生。

毕竟没有任何机构比典当行享有更高的信誉。他们出借资金并不会存在风险,因为典当行会要求借款人必须提供抵押以确保他们的债务能够清偿。正是基于上述原因,即便在国家或个人信用不断降低之时,典当行仍然能够以较低的利息借入。因此,如果政府发现它缺乏来自穷人的存款,那么它可以通过向其他穷人提供抵押的方式借款以解决这一问题。而且它会发现这么做的优点:它可以以百分之五的利息借入,再以百分之七的利息借出。

我并不想假装成这套制度的发明者。事实上,将典当行和储蓄银行联合起来早在……年前就已经在法国的一座重要城市中出现,它也是慈善组织和社会机构最为发达的城市,这个城市就是梅斯(Metz)。通过如此的联合,储蓄银行的经营者可以向那些存款数额在……法郎以下的存款人提供百分之五而非百分之四的利息,而典当行的经营者(实为同一批人)则可以将有担保的借款利息降低至百分之七,而巴黎的利息则仍然高达百分之十二。此外,由于将两个机构通过联合变成为一个机构,它们的管理费也相应减少了一半。最后,为了更为全面地描述而必须补充的是,梅斯的储蓄银行和典当行在经历了 1830 年革命和随后的金融危机之后,也并没有陷入困境。

由此,我所提出的建议不仅在理性上而且在经验上都能获得支持。为何近年来对贫困阶层的利益颇为关切的政府不能借鉴这些有益的经验呢？为何政府不仅不鼓励储蓄银行和典当行的联合，而且还积极地抵制为此目的而提出的建议呢？对此我很难予以理解。如果将穷人们全部的储蓄集中到国家手中，那么穷人们必将和国家一起走向无法避免的毁灭之中。政府是否意识到要确保它的安全就需要将它自身的存续与工人阶级的生存紧紧地绑定在一起，由此除非一方毁灭否则另一方绝不会走向毁灭呢？我无法想象更为危险的事了。就我而言，我认为我所提出的联合是使储蓄银行避开"部分"（partie）危险，进而获利的最佳方法。当然，我之所以说"部分"是因为在经过一段时间之后，我所提出的上述完善建议也许不再那么有效。

然而，如果储蓄银行的经营者只能将穷人们的存款用于有抵押的贷款，那么投资也就被相应地限制，但如若储蓄未受到限制，那么储蓄银行终有一天会将大量存款人拒之门外。而这无疑将造成巨大的灾难，因为这会在穷人们精神上埋下对储蓄银行怀疑的种子，进而使他们坚定地认为不应储蓄。

我显然不希望政府彻底关闭为穷人服务的储蓄银行。我也同意保留有关储蓄银行的法律，只想要求在典当行无法有效地使用储蓄银行的资金情况下，授权储蓄银行能够将它们的资金转存至国库。通过这种方式，我们才能既享有储蓄银行所有的优点，同时又能避免它所面临的绝大多数危险。

但这还远远不够。只要穷人仅仅在允许他们能够随时取回存款的情况下才会同意储蓄，只要国家无法提供给他们一个既稳定而又简单的存款之处，穷人们将始终无法感到满意和安全。

下编　与立法者《书信和对话集》摘选

托克维尔与《1834 年济贫法》的主要起草者英国政治经济学家拿索·威廉·西尼尔(Nassau William Senior)①从 1833 年开始就保持着长期的书信往来和频繁的交流探讨,如此的思想互动直至 1859 年托克维尔去世后才不得不停止。而西尼尔为了纪念托克维尔,在 1861 年时出版了两人的书信选集《托克维尔纪念集》(*Memoir of Tocqueville*)。此后,西尼尔的女儿玛丽·夏洛特·梅尔·辛姆普森(Mary Charlotte Mair Simpson)②又进一步收集了两人的来往书信和对话笔记,在 1872 年编辑出版了两人的《书信和对话集》(*Correspondence and Conversations of A. de Tocqueville*)。在两卷本的集录中,收录了多篇两人关于《济贫法》及其相关问题进行探讨的书信和对话,这些探讨甚至在最初的往来书信中占据了大量的篇幅。通过摘选和阅读这些书信和对话,将有助于加深对《济贫法》的客观认识和对托克维尔《论济贫法》的主观理解。——译者

---

① 拿索·威廉·西尼尔是英国著名的古典政治经济学家,系牛津大学首位"德拉蒙德政治经济学讲席教授"(Drummond Professor of Political Economy),他的著作《政治经济学大纲》(*An Outline of the Science of Political Economy*)被视为古典政治经济学的经典。西尼尔不仅是 1834 年《济贫法报告》的主要撰写人,而且还作为《1834 年济贫法》的主要起草者,参与了该法制定的全过程,他在此后的研究中始终关注着《济贫法》的实施及其完善,并撰写诸多相关论著如《对批判济贫法修正案之思考》(*Remarks on the Opposition to the Poor Law Amendment Bill*)等等。——译者注

② 玛丽·夏洛特·梅尔·辛姆普森(Mary Charlotte Mair Simpson)是《书信和对话集》编者的婚后姓,她的婚前姓是玛丽·夏洛特·梅尔·西尼尔(Mary Charlotte Mair Senior)。辛姆普森夫人还著有回忆录《许多人的许多回忆》(*Many Memories of Many People*),其中也记载了大量西尼尔参与《济贫法》的起草以及与托克维尔的交往。——译者注

托克维尔致西尼尔的信①

1834 年 3 月 24 日

亲爱的西尼尔先生，我希望您尚未完全忘记我，一位始终感激您热情招待之人。今天我冒昧请您将一份相同的善意给予我的同乡格里先生（M. Guery）②。

格里先生是巴黎皇家法院的执业律师，同时也是那本备受推崇

---

① 在《书信和对话集》的目录中给（除第一封信外）几乎所有信件和对话都列出了标题（甚至按内容为一封书信或一篇对话列出了多个标题），这些标题更可能是编者所加。毕竟西尼尔最早在 1861 年出版的他与托克维尔的书信集《托克维尔纪念集》中，仅仅包括了部分的来往信件，而大量的书信（博蒙特提供了西尼尔寄给托克维尔的大量信件）和对话（记载在西尼尔的笔记中）则是在本书中首次公开。——译者注

② 此处的"格里先生"应当指的是安德烈·米歇尔·格里（André—Michel Guerry），他被视为近代经验主义犯罪学和社会科学的奠基人之一，格里在 1833 年的《对法国的道德统计学研究》一书中，使用了表格和晕渲图（Shaded Relief Map）描述了法国各地的犯罪和自杀率，并基于年龄、性别（当然还涉及贫困状况）等诸多因素分析其产生的原因，这些研究对于托克维尔产生了直接的影响，当时他正与博蒙特合著《论美国的监狱制度及其在法国的应用》，而《济贫法在美国》（*Poor Law in America*）正是作为该书之附录被一并出版。——译者注

的著作《对对法国的道德统计学研究》（*Essay on Moral Statistics in France*）①的作者。从您的评论中可以发现，也许您对这本书早已有所耳闻。法兰西学院认为这本书不仅实用而且重要，因此给予了它褒奖。

格里先生计划去英国继续他的统计学研究：他打算在那里度过六个月。我相信他回国后将要发表的作品会让我们十分感兴趣，并且毫无疑问会对英国（人）提供有益的启示。当然，应当感谢上帝，两国现在关系和睦，也就应该努力互相启发。我希望格里先生在英格兰会比作为他好友的我有更好的运气。

我猜想您已经完成了有关《济贫法》的重要报告的起草。若是如此，如果您能通过我们的总领事馆寄送一份报告复本给我，那么我将万分感激。您基于这一主题的调查报告摘录集已经在法国引发了极大关注。您这次的作品必然也会再次引发广泛关注。

亚历克西斯·德·托克维尔

附：我将在三个月内出版以"美国的制度"（American Institutions）②为主题的著作，您肯定将收到我寄送给您的样书。

---

①　《书信和对话集》中给出的是该书的英译名，其法文名为："*Essai sur la statistique morale de la France*"。——译者注

②　托克维尔在此所指的应该是他的著名作品《论美国的民主》的第一卷，但非常有趣的是，他在此时并未以这一名称指称该书。——译者注

西尼尔致托克维尔的信①

林肯律师公会,1835 年 2 月 17 日

    亲爱的阁下,请接受我对您极为出色的作品《论美国的民主》(*De la Democratic en Amdrique*)所表达的最诚挚的敬意,我怀着极大的兴趣愉快地阅读了您的书,并希望能接受您进一步的指点。在我看来这本书无疑是当今时代最杰出的作品之一。

    但我对于该书在英国的评论和翻译却感到非常担忧,毕竟对于那些需要深思熟虑后方能动笔的书评来说,其写作显然绝非易事,而且有能力写作的人也很少喜欢以匿名的方式发表书评。

    尽管如此,如果您愿意用一些样书来换取机会的话,请您将样书寄送给我,我将会把它们送到那些重要评论的编辑们手中,如《爱丁

---

    ① 原书目录中的标题为《西尼尔对〈论美国的民主〉之批评》(*Mr. Senior's criticisms on the 'Démocratie'*)。——译者注

堡评论》(Edinburgh)①、《评论季刊》(Quarterly)②、《威斯敏斯特评论》(Westminster)③和《伦敦评论》(London)④。我还认为有必要将样书送给"雅典娜俱乐部"(Athenaeum Club)⑤,这既是为了获得更多的读者,也是为了使您在抵英后能够顺利地加入该俱乐部(我认为它是伦敦最好的俱乐部)。将样书寄送给远在伦敦的我的最好方式是将其送到以下地址:巴黎,学院街 13 号,书商,M. J. B.巴利埃先生(M. J. B. Bailliere)。寄往伦敦的包裹每周六晚上离开巴黎,并且不需要您支付任何费用。我想您最好也以同样的方式将样书寄送给布

---

①　《爱丁堡评论》(Edinburgh Review)于 1802 年创立,该刊作为辉格党的重要舆论阵地,是英国十九世纪最重要的评论期刊之一,在当时的影响力只有《评论季刊》能够与之媲美,该评论于 1920 年停刊。——译者注

②　《评论季刊》(Quarterly Review)于 1809 年创立,该刊是托利党为抗衡辉格党的《爱丁堡评论》所创办,并也成为英国十九世纪最重要的期刊之一。《评论季刊》在 2007 年复刊后仍在出版。——译者注

③　《威斯敏斯特评论》(Westminster Review)于 1824 年由著名的哲学家、功利主义的创始人杰里米·边沁(Jeremy Bentham)和詹姆斯·密尔(James Mill)共同创办,并被作为由边沁所创设的"哲学激进派"(philosophical radicals)学术团体(詹姆斯·密尔是其中重要的成员)的刊物。边沁创办《威斯敏斯特评论》的初衷是将其办成英国重要的政治和社会学评论期刊,并使其成为能够与辉格党的《爱丁堡评论》和托利党的《评论季刊》相媲美的重要期刊,约翰·斯图亚特·密尔(John Stuart Mill)也曾经担任过该刊主编。《威斯敏斯特评论》在 1836 年与《伦敦评论》合并,改称为《伦敦与威斯敏斯特评论》(The London and Westminster Review),但在 1840 年又改回原名,直至 1914 年停刊。——译者注

④　《伦敦评论》(London Review)于 1834 年由著名的政治哲学家约翰·斯图亚特·密尔创办,其办刊目的则在于抗衡此前他担任主编的《威斯敏斯特评论》。但在两年后的 1836 年,密尔收购了《威斯敏斯特评论》将两家期刊合并,并在 1840 年改为新的《威斯敏斯特评论》。——译者注

⑤　"雅典娜俱乐部"创建于 1824 年,作为超党派的俱乐部,其最初在性质上更接近于学术团体,而诸多著名的作家如狄更斯(Dickens)和学者如达尔文(Darwin)均是它的会员。——译者注

鲁厄姆勋爵(Lord Brougham)和兰斯道恩勋爵(Lord Lansdowne)。

我想在此针对您该书的第二卷做一些评述。

第58页。在第十一行后是否遗漏了一段话？也许应该将第59页从"Jeregarde"开头的那段话插入此处。

第76页。自帝国建立以来，法国的货币贬值了吗？货币在任何地方都在升值。

第76页。注释。穷人消费额的增长并非源于美国政府的民主属性，而是源于强制性的规定。在欧洲最为专制的丹麦和最具贵族制色彩的英国，两国穷人的消费额也远大于美国穷人的消费额。

第115页。我并不认为英国穷人的财富都被献给了富人。就我的调查而言，英国劳动者的工资比任何其他劳动者的工资都要高。他们不想保有地产，因为他们通过打工能够获得比耕种土地更高的收入。但这取决于相同的理由，即比起生产袜子供自己使用，给棉花制造商打工更加赚钱。这是劳动分工体系的一部分，那些伟大的文明也仅是其渺小的例子。

第383页。注释。您提到的"milles carres"意指什么？在英文中不甚清楚。

第393页。我不认为人口是影响财富的因素之一，不如说人口是影响贫困的因素之一。国民的富裕或贫困取决于人口数量与财富总量之间的比例。减少全国的人口数量，财富总量相应不变，则国民将会变得富有。爱尔兰人口，当然也包括英国的人口数量如果减少，那么他们将变得更为富裕。我不认为像中国这样拥有庞大人口数量但国民个人非常贫困的国家属于富国，尽管中国的财富总量高于荷兰,但相较而言荷兰国民个人却更为富裕。

我很高兴听到您不久将到访伦敦,并且我相信我能够最早得知您到来的消息。

明天我将通过大使馆邮件寄送给您一本小册子①,这本由我撰写的关于国家财产的小册子尚未公开出版。由于这是我与辉格党的一些领袖们所共同撰写的小册子,它也将向您展现辉格党对相关问题的基本看法,而他们总体上秉承了(本书中所表述的)这些观点。

致以我最诚挚的问候,请相信我,亲爱的阁下,您真诚的朋友。

拿索·威廉·西尼尔

---

① "这本小册子的节选版于 1868 年在爱尔兰朗曼出版社出版,但其涉及英国政治的大部分内容被删除。"——译者注

托克维尔致西尼尔的信①

巴黎,1835 年 2 月 21 日

　　亲爱的西尼尔阁下,非常感谢您给我的来信。比起其他任何人我都更想获得您的认可,我为获得您的认可而感到无比自豪。我多么希望这本书也可以获得您的同胞们的广泛认同,这样他们就可以分享您的看法。这本书在法国的成功大大超出了我的预期,但是我不会就此满意,除非在我知识意义上的第二故乡(My Second Country)皆能如此。我非常欣慰自己已经根据您的建议为确保该书获得宣传而做了准备,我已将样书寄给了《爱丁堡评论》《评论季刊》和《威斯敏斯特评论》,我非常感谢您真诚地将它推荐给这些期刊的编辑,也恳请您能够使他们更为重视本书,并请求他们能够提前给予(是否刊载书评的)通知。您应该会理解,我急切地希望能在访问英国前获知这一消息。

　　我将非常乐意根据您的建议将样书寄送给布鲁厄姆爵士和兰斯

---

　　① 原书目录中的标题为《托克维尔的答复》(*M. de Tocqueville's answer*)。——译者注

道恩爵士。我之前也已考虑这么做，但是我承认十八个月前发生过的事情使我未能及时寄送，当时我将"监狱体制"（Systeme pénitentiaire）①的样书和介绍信寄给了都柏林大主教（Archbishop of Dublin），到目前为止我没有听到任何来自他的祝福，这使我感到非常吃惊，因为在我们的国家里没有人会在写信赠送他人书籍或者回复他人信件时毫不关心是否能够获得他人的认同。

现在我来谈谈您对本书的批评，您的批评就如您的赞美那样使我感到愉快，因为这证明您认真地阅读了我的书，此外，我打算在第二版中采纳一部分您的建议。

您告诉我在第二卷的第58页，有一个段落放错了位置。我再次查阅了这段话，发现您说的无疑是正确的。

第76页的注释引发了您的提问，即自帝国以来法国的货币是否贬值？换言之，现在购买相同的物品是否比以前需要花更多的钱？我的回答是，我还没有在这个问题上做专门的调研，而是遵循了当下主流的观点，但我不知道它是否算是错误。尽管在美国内战期间矿山的生产明显减少，但我不相信流通中的金银总数会比二十年前少。尽管如此，我仍然打算尽可能地弄清楚法国现在的基本情况。

您告诉我的许多真理还涉及第77页的注释，即一部《济贫法》并不能用来证明（某个政府）在性质上属于共和政府；但是我引用美国

---

①　此处所指的著作应当是托克维尔在1833年所著的《论美国的监狱制度及其在法国的应用》（On the Penitentiary System in the United States and Its Application to France）。值得注意的是，该书的第三篇附录即《济贫法在美国》（Poor Law in America），该文的中译版本可参见本书之附录。——译者注

是为了给法国的读者们一个为民主自愿付出代价的例子。事实上，诸多的理由可以用来敦促任何性质的政府动用国家资源以开展济贫，但是共和政府如此行事则是它的本质使然。

在第 115 页，我提出在英国法上"穷人的财富最终都将被献给富人"（bien du pauvrehad in the end been sacrificed to that of the rich）。您在这点上对我进行了批评，而您确实是一位合格的"法官"。尽管如此，您应当允许我和您持有不同的意见。首先，在我看来，您认为"le bien du pauvre"所表达的含义与我所意图表达的含义并不相同。您将其翻译为"财产"（wealth），这一概念似乎专门意指金钱。我所指的则是所有能够获得幸福之事物，包括个人因素、政治权利、易获得的正义、知识上的取得以及其他能够间接地使人得到幸福之事物，而直到我能够找到相反的证据，否则我将始终认为英国的富人正在一步步地独占那些社会赋予所有人的好处。当然，如果从您所对含义理解的角度来看待这一问题，我的确应当承认一个穷人在另一个（富）人的土地上耕种能够比他耕种自己的土地获得更多的报酬，但您难道不认为（富人）在政治、道德和知识上所获得的好处作为一种永久性的补偿已经远远多于您指出的（金钱）损失吗？

然而，我知道这是当下这个时代最为重要的问题之一，并且或许是我们意见分歧最大的问题。希望我们能在不久之后有机会深入讨论这个问题。同时，我不禁想要告诉您，我对于麦卡洛克先生（Mr. McCulloch）在看待这一问题时的方式非常不满，尽管我承认他极具天赋。我对于他引用法国人的例子来支持他所主张的不应分割土地产权的观点感到震惊，他甚至断言人们身体健康状况的恶化部分是源于分割土地产权。我深信如此的观点在当下无疑完全错误,这样的观点在英国也不会存在共鸣,即使是在那些抨击继承法缺乏理性并终将导致危险的人那里皆是如此。即便他们承认人民在生活舒适和文明程度上表现出持续和快速的提升,事实上当今的法国在此方面确实比二十年前的法国有着明显的进步。但我仍要重申这些问题不应急于着笔下定论,而应留待此后展开长期探讨。

我的朋友,也是伙伴的古斯塔夫·德·博蒙特先生(Gustave de Beaumont),刚刚出版了一本关于美国的著作①。如果您如我所希望的那样有时间阅读的话,我相信您会非常喜欢该书。关于奴隶制的问题,相比我(的著作)只是简单涉及,他在这部著作中对此问题展开了深刻而又极富见解的研究。古斯塔夫·德·博蒙特先生打算陪同我一起前来英国,并希望能尽快与您相见。

亚历克西斯·德·托克维尔

---

① 这部"著作"应该是指博蒙特所著的《玛丽：美国的奴隶制》(*Marie：ou l'Esclavage aux États—Unis*)一书,这本著作是托克维尔和博蒙特在 1834 年的美国之旅后,在整理了所收集的大量关于美国奴隶制的资料后所撰写的著作,其前半部分是以小说的形式所撰写,后半部分则记载了大量与美国奴隶制相关的资料,该书在当时发表后也获得了较为广泛的关注。——译者注

大主教怀特里致西尼尔的信

都柏林,1835 年 3 月 2 日

亲爱的西尼尔阁下,我本该对于托克维尔先生那封令人欣喜而又高兴的来信及其随信一同寄来的著作表示谢意,并附上一些在阅读后对我深深触动之段落的评论。但是我已经被无尽的工作所困扰,甚至没有时间去翻开书本,但我不仅每天都期待能有机会从中获得乐趣,而且还希望能够从中获得有关我们不久之后将要开启的制度改革的有价值的建议。同时,我本应该立即回信以表达我对他赠书的感谢。我现在只能请求您替我表示谢意,并对于我因为被各种工作所深深困扰而导致的令人未曾见识和知晓也就无法理解的疏忽而致以歉意。除了所有主教需要承担的工作,即"每天都需要对所有的教堂予以关注"之外,我还是近三十个委员会的委员,委员会的事务千差万别,许多不仅非常重要而且颇费精力。

理查德·怀特里,都柏林大主教

西尼尔致托克维尔的信①

林肯律师公会，1835 年 3 月 5 日

亲爱的阁下，我将刚从都柏林大主教那里收到的信件抄送给您。您将了解为何您之前未从他那里收悉只言片语的原因。

您寄送给兰斯道恩爵士和布鲁厄姆爵士的样书我已经收到，并在上周二已经寄出。那么博蒙特先生的两册《玛丽》(Marie)是否分别寄送给《评论季刊》和"雅典娜俱乐部"呢？我已经写信给《评论季刊》的编辑洛克哈特(Lockhart)，并且向他提到了您的著作值得撰写书评，此刻他也许还没看到上述信件。

我带着愉悦及受教的心情阅读了《玛丽》。这本书写得非常棒，尽管对于我们这些品位偏冷淡的人来说，它有些过于"热诚"(Onction)了。布兰科·怀特(Blanco White)先生正在为《新伦敦评论》(New London Review)②撰写《论美国的民主》(la Democratie)的

---

① 原目录中的标题分别为《博蒙特的〈玛丽〉》(On M. de Beaumont's 'Marie')和《论"穷人们的福利"》(On the 'Bien des pauvres')。——译者注

② 《新伦敦评论》创刊于 1829 年，由布兰科怀特(Blanco White)担任主编。See J. H. Newman's Essays, vol. i. p. 27"。——译者注

书评。当我听说他要撰写书评时他才仅仅阅读了引论。他说这是他读过的与欧洲社会相关的最为深刻的著作。鲍林博士（Dr. Bowring）说他将争取在《威斯敏斯特（评论）》刊载这本书的书评。但是如果您在两三个月内没有看到任何书评也不要感到惊讶，毕竟要找人撰写需要深入思考的著作之书评绝非易事，而有能力撰写书评的人也并不喜欢匿名写作。当我有幸再见到您时，我希望我们能够讨论"穷人的福利"（le bien des pauvres）问题。我相信穷人在英国比在其他欧洲国家处于更为糟糕的状态（这是少有甚至仅有的例子），这不仅是因为贵族们的仁慈被误导，而且还是因为《济贫法》的滥用。事实上，苏格兰作为大不列颠最具有贵族制色彩的组成部分，人们的生活显得非常富裕。

请您告诉博蒙特先生我有多么高兴能与他相识。

您最真诚的朋友

拿索·威廉·西尼尔

托克维尔致西尼尔的信

1835 年 3 月 14 日

亲爱的西尼尔阁下，非常感谢您对于在英国相关书评事宜的持续关注。我希望这些书评能够结出些许果实。尽管如此，我从来没想掩饰自己正身处一个与您的国家一样躁动不安的国家，公众不会将好奇心留给那些具有普遍意义和研究外国为主题的著作，而这些也正是我的著作所关注的主题。

我所在省份的一个学会①最近请求我撰写一篇有关《济贫法》的论文。我已经开始写作，但是为了完成这些论文，我需要知道英国正在发生什么，特别是去年刚刚通过的《新济贫法》（*New Poor Law*）。您是否能寄给我一份该法的文本？您无疑给予我极大的帮助，尤其是如果能够尽快到达的话。

---

① 此处所指学会应当就是"瑟堡皇家学会"（The Royal Academic Society of Cherbourg），托克维尔在 1835 年在学会的年会中刊印和宣读了他的《论济贫法》。——译者注

我在前几天收到了兰斯道恩爵士一封非常友好的来信,对此我非常感激。

亚历克西斯·德·托克维尔

附:我希望当我到访伦敦时,都柏林大主教也已经到达那里,我将非常高兴与他相见,同时祈祷他能记得我。

西尼尔致托克维尔的信①

1835 年 3 月 18 日

亲爱的阁下,我已经通过大使邮件寄出了另外两本小册子。我尚不知晓究竟是由于谁的原因导致已经寄出的一本小册子被弄丢了。我已经寄出了《济贫法》的文本以及我为解释该法而写的序言。我希望它们明天就能正式寄出。我还一并寄送了《济贫法委员会报告》(*The Report of the Poor Law Commissioners*),并打算将委员会调查证据的摘录——考埃尔(Cowell)和罗特斯勒(Wrottesley)寄给"济贫法专员"(Poor Law Commissioners)的报告也一并寄送给您。但是这些资料相较于邮袋来说实在是太大,我还没有找到合适的方法寄送。

在咨询了我的法国书商朋友巴利埃后,他建议我可以将这三卷资料寄给他在巴黎做书商的兄弟,您最好的办法就是与他们联系,并从他们那里取走这些资料,而我将抓住这个机会尽快寄给他全新的

---

① 原书目录中的标题为《济贫法报告》(*Poor Law Report*)。——译者注

版本。如果您愿意这样做,您将发现我已经为您都准备好了,巴利埃也已经承诺立即将此事写信告诉他的兄弟。

这三卷分别是:

1. 呈交国王的《济贫法委员会报告》

2. 调查证据的摘录

3. 考埃尔、卡梅隆、罗特斯勒寄给济贫法专员的报告

《济贫法委员会报告》或者说至少是该报告的四分之三出自我个人之手,并且该报告所有的内容均经由我改写(而非撰写)。《济贫法》的大部分内容也是由我撰写,因而我要对整个济贫法律制度的效果和好坏(在很大程度上是非此即彼)负责。

当您来英国时,我将向您展示所有的调查证据,共有 14 卷之多。

您永远的朋友

拿索·威廉·西尼尔

托克维尔致西尼尔的信

伦敦,1835 年 5 月

亲爱的阁下,我们今天未能前往拜访您,博蒙特先生和我本想表达我们对您的谢意,首先要感谢您费心给我们寄送的资料,其次还要感谢我们刚收到的来自雅典娜协会的信件。也请允许我告诉您,我们饶有兴趣地阅读了您一并寄送来的小册子。就我本人而言,我已经好多年没读过能在国情和政党地位问题上给人带来如此多启发的作品了。我与博蒙特先生一致认为,这本小册子是那些为研究英国的国家特性以完成他的政治学研修而申请前来英国之人所能获得的最具价值的文献。

亚历克西斯·德·托克维尔

西尼尔致托克维尔的信①

林肯律师公会,1835 年 11 月 20 日

亲爱的阁下,这封信的持有者是我来自特立尼拉(Trinidad)的老朋友伯恩利先生(Mr. Burnley),他也是休姆先生(Mr. Hume)的内弟。

他希望与您结识或者说是重新与您联系上。我说重新是因为他曾经与您一起前往一所美国监狱参访。

自从您离开后,我还未来得及告诉您新的公共新闻。"新济贫法案"(The New Poor Law Bill)运行得非常好,如果新济贫法专员报告能够及时完成,我将会寄送给您以表明我们的(济贫法律制度)取得了进步。

您关于美国(民主)的著作每天都在引发越来越多的关注。您可能已经看到了约翰·密尔(John Mill)在《伦敦评论》中发表的那一篇

---

① 原书目录中的标题分别为《胆怯的英国政府》(*Timidity of English Ministry*)和《辉格党政府比托利党政府更为诚实》(*Whig Ministry Necessarily more Honest than Tory*)。——译者注

精彩的书评。

我们的政府①非常胆小,他们害怕奥康奈尔(O'Connell),害怕罗伯特·皮尔(Sir Robert Peel),害怕国王;但是我始终坚信国家的普遍繁荣是政府所追求而无法被忽略的要旨之一。而它们(现任政府)比此前最为认真服务的政府做得都更好。它们远比保守党政府做得更多,因为它们相信任何进步都源于改革所取得的红利,而一位保守党的部长甚至相信所有这些进步都是强加给他的恶作剧。

当您有空的时候,我期待能听到您在法国过得很好并且事业有成的信息,并且我更希望听到您再次来英国探访我们的消息。

请相信我,我尊贵的阁下。您真诚的朋友

拿索·威廉·西尼尔

---

① 此时墨尔本子爵是内阁首相。——译者注

托克维尔致西尼尔的信①

巴黎,1836 年 1 月 27 日

亲爱的西尼尔阁下,您在 11 月 28 日寄给我的信件是在八到十天前才送达我这里,伯恩利先生没有提早将它寄出。我尽我所能地接待了这位先生,但是未能达到我所期盼的那般热情。但我恰恰有一个合理的解释理由:我刚刚非常不幸地失去了我的母亲。您无疑会立即感受到这给我带来的悲痛,我无法在这样的状态下为一位远道而来的陌生人尽好地主之谊。但庆幸的是,伯恩利先生计划整个冬季都在巴黎度过,我会尽我所能地招待他。我对我的招待能力较之从前持更乐观的态度,因为我现在有了一位优秀的翻译。您肯定知道三个月前我迎娶了一位来自英国乡下的女士,我非常高兴地告诉您我每天都能找到新的理由来庆幸当初自己的选择。

非常感谢您提供给我的有关英国政治现状的详细信息。看起来

---

① 原书目录中的标题分别为《改革法案就是一场真实的革命》(*Reform Bill in Reality a Revolution*)、《法国的繁荣》(*Prosperity of France*)和《资金的周转》(*Conversion of the Funds*)。——译者注

正是由于您,使得这场革命正在循序渐进地稳步前行,甚至在我看来,这场革命在您将那些最民主的阶层引入选举团体(Electoral Body)之时就已然完成,剩余之事仅仅是随之而来的结果。

对我们来说,至少到目前为止,所有的事情似乎都已经恢复到了正常状态。除了农业遭受到一些灾害之外,任何事情都在以令人惊讶的方式蓬勃发展起来。五年来,"稳定"(stabiliy)的理念第一次深深地嵌入人们的脑海之中,与其一并嵌入的还有对商业利益的渴望。而热衷于商业也不断地促使我们远离政治领域而去追求物质利益。如果我没有明显误判的话,我们接下来的几年将在这一方向上获得巨大发展,但政府很有可能错误地高估发展的程度。

这个国家遭受了可怕的磨难,她现在终于可以享受赐予她的休憩时光。但是所有过去的经验告诉我们,这种休憩可能本身会对政府造成致命的伤害。随着近几年来倦怠之感逐渐减少,我们发现对政治的热情又逐渐地回归到生活之中,但同时如果政府并未因此变得加倍审慎,并高度细致地关注着国家的冷暖变化,那么终有一天可怕的暴风雨将突然间劈头盖脸地袭来,而政府又是否懂得这些道理呢?我对此表示怀疑。

您看到了政府在去年颁布的针对出版的法律——这部法律不仅令人作呕而且毫无必要,如果这部法律被予以实施,那么它唯一获得的结果就是政府将收回有关出版的"权力"(Power)。但我们现在所谈论的事情曾经也已发生过,因为唯有获得许可才能进行写作已经成为我们的一种惯例,并且惯例远比法律更为根深蒂固。

目前,我们面临的最大问题是资金的周转。反对派从国王本人那里获得了支持,他在议会上非常强硬地表示反对相关的金融改革,以至于部长们不得不表现出如此的态度,即他们已经到了无法继续支撑下去的地步。

事实上,正如我经常告诉您的那样,大多数议会的议员都只有在这些金融改革将会有利于他们的时候,才会激发他们为政府服务的热情,并急切地大声宣称支持这些金融改革。毫无疑问的是,我们终将等到那一天,但是我也认为改革最终能够获得批准肯定不会早于今年……

亚历克西斯·德·托克维尔

托克维尔致西尼尔的信①

巴黎,1837 年 1 月 11 日

亲爱的西尼尔先生,我直到 12 月底才抵达巴黎,在两天前我收到了您通过格雷先生寄给我的《济贫法报告》(*Report on the Poor Laws*)和政治经济学著作(Treatise on Political Economy)②,万分感谢您始终挂念着我。您的《政治经济学大纲》无疑是您曾经送给我的所有东西中我最喜欢的一样。正如我曾经多次坦诚地告诉您,我对人文学科中这一重要的组成部分(政治经济学)依然知之甚少,我常常认为您是最有能力填补我的这块短板之人。您所出版的所有作品无疑都对我颇有裨益,尤其是其中关于政治经济学的作品。但尽管如此,我还没有时间细致地阅读您送给我的这部作品。

此时此刻,我正埋头创作关于美国(的民主)的第二部著作,以至于几乎没能看到和听到周围所发生的事情。我想我的著作将会在今

---

① 原书目录中的标题为《法国政府尚不稳固》(*Instability of French Ministry*)。——译者注

② 此处所提到的政治经济学著作应当就是指西尼尔在 1836 年出版的《政治经济学大纲》(*An Outline of the Science of Political Economy*)。——译者注

年夏天完成,并能在明年秋天出版。① 我不知道它是否能够成为一部好的作品,但我能肯定的是我已经竭尽所能地做到最好,我将所有的时间和精力都投入对这部著作的创作之中。

我们的政府(部门)依然处于不太稳固的状态。② 虽然它应该不会马上垮台,但却可能会因为那最微不足道的问题就导致它顷刻间分崩离析。因为绝大多数议员都会说,他们宁愿承担部长们行使政府职权后所产生的种种后果,也不愿意承担他们本该承担的责任。如果不是摩尔先生(Mr. Mole)引起了许多曾经对"理论家们"③天然抱有敌意的议员们的关注,那么情况将有可能变得更为糟糕。国家的物质条件已经非常丰富,尽管经济增长有所放缓但依然稳定,如果我们能够维持和平的环境和体制二十年以上,即使现有的制度仍然存在诸多不完善,那么法国国内的情况也将会完全改变。

亚历克西斯·德·托克维尔

---

① 《论美国的民主》的下卷实际上于 1840 年 4 月 20 日在巴黎和伦敦同时出版。
② 原文即如此。——译者注
③ 法语中的表述为"Doctrinaires"。——译者注

　　《书信和对话集》还记载了托克维尔与西尼尔在此后的一段时间中的五封来往书信：在第一封西尼尔致托克维尔的信件(1838 年 2 月 15 日)中，西尼尔提到他通过艾里斯先生(Mr. Ellice)为托克维尔带去了两本小册子，其中一本应当是他本人作为英国国会"皇家织造工人委员会"(The Royal Commission on Handloom Weavers)①成员时撰写的调查报告②，这份后来正式出版的报告对英国织造工人(也是《济贫法》的重要救济对象)的悲惨境遇有着详细记载。③ 而在第二封托克维尔致西尼尔的信件(1838 年 2 月 28 日)中，托克维尔提到他离开了巴黎，因此未能见到艾里斯先生和他携带来的调查报告，其离开的原因则在于希望能够集中精力专心完成《论美国的民主》下卷的创作，而两人对于《济贫法》的探讨也由此暂告中止。

---

　　① "皇家织造工人委员会"成立于 1837 年，其成立的主旨在于调查英国纺织行业工人的失业和贫困问题。十八世纪末的英国纺织行业迅速发展，到 1805 年仅伦敦就有四十万纺织工人，但从 1830 年开始纺织工人的生存环境迅速恶化，到 1840 年时纺织工人的数量降至十万人，大量失业的纺织工人急需救济，并成为当时"宪章运动"(Chartism Movement)的重要力量。而在这种背景下，"皇家织造工人委员会"在 1841 年发表了由西尼尔撰写的调研报告，对纺织工人的悲惨现状进行了详尽描述，而这份调研报告也可以视为西尼尔对《济贫法》研究的延续。——译者注

　　② 西尼尔在信中提到该报告时称之为" The Instructions to Assistant Commissioners in the Handloom Inquiry"，但这份报告随后以" Instructions from the Central Board of the Hand－Loom Weavers' Inquiry Commission to Their Assistant Commissioners"正式出版。——译者注

　　③ 这份调研报告在当时造成的影响力极大，1844 年恩格斯在他著名的《英国工人阶级状况》(The Condition of the Working－class in England in 1844)一书中也专门对英国纺织工人的问题展开了详细分析。——译者注

　　《书信和对话集》提到托克维尔致西尼尔的第三和第四封信件主要探讨了英国在废除奴隶制方面的问题,但上述两封信件似乎并未编入集录,而且西尼尔对上述信件的回信也已无迹可循。在西尼尔致托克维尔的第五封信件(1841年2月27日)中,西尼尔提到将正式出版的"织造工人"调查报告寄送给了托克维尔,而这份报告似乎将两人的思绪又重新拉回到《济贫法》之上。在接下来的信件(1842年5月10日)中,西尼尔提到将把自己晚近撰写的以《济贫法》为主题的小册子寄送给托克维尔,也引出了两人此后对《济贫法》进一步的探讨。——译者

西尼尔致托克维尔的信

伦敦，1842 年 5 月 10 日

我亲爱的托克维尔先生，里特先生(M. Ritter)希望某天能够与我们共进晚餐，但是在两天后他又写信提道，他发现自己不甚精通的英语可能会成为他在伦敦期间(沟通)的障碍，他在来英国前六个月刚刚退休。当他回来时，我希望他已经成为精通两国语言之人，毫无疑问的是，您亲自的引介所带来的荣耀足以使他安心立足。希望学习德语的热情正在不断高涨，而他广博的知识足以使他在教授时通情达理。

我担心我们很难有机会在巴黎相见。在八月、九月和十月，我将会离开英国，尽管此时的巴黎显得空空荡荡，但这显然不包括宾馆，它们总是在其他房屋居者寥寥的情况下仍然人满为患，加之缺乏蒸汽火车，以及在运输和护照等方面存在种种烦琐的规定，使我似乎更倾向于选择渡海经莱茵河口逆流而上来到欧洲大陆。但是您是否真的毫无机会在获得签证前来英国？或者我们是否有机会在德国、瑞士或者意大利相见？

如果您的旅行线路与我们的线路恰巧存在重合，我将会无比高兴(期待相见)。事实上，我们始终紧跟着您的步伐，就如同我在 1838

年的时候恰好在来宾登记簿上发现您的名字那样，但我们终究未能
赶上您的步伐（以与您相见）。

当我写这封信的时候，您的"演讲"（Discours）①已经经由他人转
递给我。我已经读完了它，它不仅使每一位读过它的人都备受鼓舞，
而且也使每一个人觉得受益良多。我对能够收到您给予我的赠本
（copy ex dono）而倍感荣幸。

如果德·圣奥莱尔先生（M. de St Aulaire）不会对邮包的尺寸感
到惊讶的话，那么我将冒险把四本小册子随同笔记一起寄送给您。
其中两本小册子涉及英国《济贫法》②，而我始终无法从中解脱出来，
另外两本小册子则涉及我们国家在 1841 年和 1842 年的财政改革。

我请求您能理解我未将《卫报》（Guardian）中的一篇评论一并寄
给您，因为这篇评论本并不打算供法国人阅读。我们向您致以美好
的祝愿，请相信我，我亲爱的托克维尔先生。

您真诚的朋友

拿索·威廉·西尼尔

我听到您要来英国的传言。我相信这些传言多少是有根据的。

———————

① 此处的"演讲"应该指的是托克维尔在 1842 年 4 月 21 日在"法兰西学院"
（Académie Française）发表的《当选演讲》（Discours de réception d'Alexis de
Tocqueville），托克维尔被选举接替塞萨克伯爵（M. le Comte de Cessac）去世后所空
缺的席位，而他本人在演讲中既回顾了塞萨克伯爵的过往生平，也借此对大革命后
法国的未来进行了展望，演讲引发了（也包括西尼尔在内）广泛的关注。——译者注
② 此处的《济贫法》"小册子"应当指的是西尼尔在 1841 年出版的《对批判济
贫法修正案之思考》（Remarks on the opposition to the poor law amendment
bill）。——译者注

托克维尔并没有与西尼尔立即探讨《济贫法》问题,而是在此后致西尼尔的信件(1842年12月14日)中向他请教了一个"宪法问题"(Constitutional Question)①,西尼尔则在回复托克维尔的信件(1842年12月20日)中对这一问题从英国(宪)法的视角予以了回答。可以发现两人交流的主题已然从《济贫法》上升到宪法层面,而这与托克维尔在成名后投身政治不无关系②。但随着1848年"二月革命"的爆发,两人的探讨又回到了《济贫法》。——译者

---

① 托克维尔提出的"宪法问题"即:当此时的法国首相基佐(Guizot)签署了一项禁止奴隶贸易的国际条约,而国会又拒绝批准这项条约时,首相(根据英国的宪法学说)是否应当引咎辞职?而西尼尔给出了否定的回答。——译者注

② 托克维尔在经历了1837年第一次竞选国会议员的失败之后,在1839年获胜并开始担任国会议员。在1848年的"二月革命"之后,托克维尔被选任为法兰西第二共和国"制宪议会"(Assemblée Constituante)的议员,并作为"1848年法兰西宪法起草委员会"(la Commission chargée de la rédaction de la Constitution Française de 1848)的委员参与起草了第二共和国宪法。在1849年,托克维尔被选任为"立法议会"(Assemblée législative)的副议长,并在6月至10月短暂地担任了外交部部长一职,在路易·拿破仑·波拿巴于当年10月担任总统之后,托克维尔卸任外交部部长一职。在1851年12月,拿破仑三世称帝之后,托克维尔因为反对他而短暂被捕,尽管随后很快获得释放,但这也促使他远离政坛(转而专心写作)直至1859年去世。——译者注

托克维尔致西尼尔的信①

巴黎,1848 年 4 月 10 日

我亲爱的西尼尔先生,您的信到来时我正巧不在家,直到三天前我回家的时候才发现这封信。我立即前往奥斯汀先生(Mr. Austin)的住处,以了解是什么阻碍了您前来巴黎。而当我听到是因为您的身体原因而导致计划改变时,我感到万分难过。

我为自己未能前去探望身体抱恙的您而倍感歉意。我此前非常急切地期盼您的到来,我期待着从与您的交谈中获得诸多的建议,而这些建议将有助于我们在当下这个特殊时期更为妥当地行事。

正如您早已注意到的,我们最为严重的弊病并非源自那易于冲动的政治热情,而是源自公众对生产和社会繁荣所需真实条件的愚昧无知。我们遭受的所有苦难更多源于政治经济学意义上的错误理

---

① 原书目录中的标题分别为《法国政治经济学中的错误观念》(*False notions of the French on Political Economy*)、《1848 年革命的原因》(*Causes of Revolution of 1848*)、《托克维尔在 1848 年 1 月 27 日的演讲》(*Speech of M. de Tocqueville*,*January 27*,*1848*)、《路易斯·菲利珀的政府》(*Government of Louis Philippe*)。——译者注

念,而非通常认为的源于政治活动过程中的错误意见。

　　我并不认为一部如您所提议的《济贫法》就能够解决那些问题,至少当下的确如此。革命①并不是由那些身处贫困的工人阶级发动的。在某些地区,工人们的确忍受着贫困带来的苦难,但是从整体上来说,我认为没有任何一个国家或者任何一个时期的工人生活条件能够超过法国当下工人的生活条件。尤其是那些被雇用从事农业生产的工人更是如此。在这里,并非劳动者需要工作,而是工作需要劳动者。由于地产被进一步细分,劳动力不足的问题已经非常凸显。那些在大型工厂中工作的工人虽然也曾遭遇过严重的危机,但这些危机往往持续时间很短。因此,正是观念,而非贫困带来了暴力,对于劳动者和出资方关系的荒唐观点、对于放纵政府介入劳动者与雇佣者关系程度的极端理论,而强调高度中央集权的学说(Doctrines of Ultra－Centralisation)则说服了成千上万的人认为国家不仅应当救济他们,而且还需要给予他们舒适而安逸的生活。您肯定意识到《济贫法》显然已经无法有效地满足如此病态的诉求,尽管如此,但我并不认为我们不需要一部《济贫法》,我甚至认为我们早就应该制定一部《济贫法》,但一部《济贫法》已经不足以使我们摆脱现在的困境,毕竟我们需要与观念而不(仅仅)是与贫困作斗争。

---

　　①　此处的"革命"应当就是法国在1848年爆发的"二月革命"。——译者注

在革命爆发的前三周,我在议会发表了一次演讲①,这次演讲的内容当时通过速记的方式被记录下来,并发表在《绅士报》(Le Monieur)②上。我刚刚将《绅士报》上的速记完整地摘抄下来并寄送给您一份抄本,我恳请您能够阅读这篇演讲。您会发现尽管我不知道革命将在何时以何种形式爆发,但即将爆发革命对我来说则是确定无疑的。我经常想起这次演讲,这次演讲在当时的议会中引发了激烈的争议,而那些非议之人现在则愿意承认他们的错误以及我的正确。相信在大约半小时的演讲中,我已经指出了导致革命爆发的主要以及深层次的原因。而我近来所有的经历都进一步加深了我对上述原因的认同。

---

① 这是托克维尔在 1848 年 1 月 27 日演讲中的一段话,他说道:"因为没有冲突,所以就认为没有危险。因为社会表面上看起来没有骚乱,所以就断言革命还很遥远。""那么先生们,请允许我告诉您们,我相信您们都是在自欺欺人。毫无疑问的是,动乱的爆发(事先)往往不会有任何蓄意的表现,但是(其意图)已经深深的嵌入民众的脑海中。看看工人阶级的内心中真实的想法,我平心而论,他们的确没有如从前那样被纯粹的政治激情所煽动,但是您难道没有发现他们激情的来源已经从政治变成为社会了吗?您难道没有看到他们所普遍信奉的观点与思想,已经不仅仅是废除法律、政府甚至王朝,而是颠覆社会本身,撼动他们现今赖以生存的基础吗?您难道没有听到他们那连绵不绝的哭喊之声吗?您难道没有听到他们那持续不断的呼喊之声吗?而所有这些难道不都是在诉说着统治者们的无能和不配吗?世间不仅现有财富的分配不公正,而且过往财产的保有难道不也是不平等的吗?您难道不相信当如此的观点变得生根发芽时,当其变得人人皆知时,当其变得根深蒂固时,那么它们迟早都会,尽管不能确定何时以及何种方式,但迟早都会演变为一场激烈的革命吗?""先生们,这就是我所坚信的。我坚信我们此时此刻正沉睡在(即将爆发的)火山口之上,对此我可以说我确定无疑。"——译者注

② 《绅士报》(Le Monieur)于 1789 年 12 月在法国巴黎创办,在 1799 年 12 月被回到法国的拿破仑宣布成为官方报纸,该报在法国大革命时期始终在出版,但在 1868 年 12 月停止出版并被官方杂志(当时被称为《法兰西帝国公报》)所取代,而该杂志则演变为现今的《法兰西共和国公报》(Journal officiel de la République française)。——译者注

这次革命爆发的真正主要原因正是那些长期影响着政府的可恶观念,而这些观念所带来的则满是欺诈、卑鄙和贿赂,它们使得中产阶级变得更加软弱和堕落,它们摧毁了人们的公共精神,还使得他们变得自私自利,以至于使他们从脱离底层社会那刻起就盲目地急于在利益上划清界线,并将底层社会的人们留给那些假装为他们的利益服务,但实则满脑子错误思想之人。

这就是问题产生的根本原因,所有其他的都仅仅是偶然原因,尽管我承认它们既令人感觉到陌生而又充斥着暴力,但是它们都不足以单独造成问题的产生。而当您思考以下两个方面:一方面,我所指出的问题之原因;另一方面,我们中央集权的体制,它导致了法国的命运仅仅取决于对巴黎的一役,如果有朝一日1848年革命已然作为历史被再次提及时,那么您就能够很好地解释这场革命的真正原因,我如果能够获得上帝的眷顾而有幸活下来,也将好好地写写这场革命。此外,您能否好心地将我的演讲抄本送给兰斯道恩勋爵(Lord Lansdowne)以使他能够记住我?

在这封信中我只顺带提到了过去(即革命发生的原因),但对于未来(即革命发生的影响)则绝不是一封信能够探讨清楚的。

我们正处于一个大国从未身陷过的极为特殊的时境之中。我们不仅被迫见证了诸多的不幸,而且还被周遭巨大的危险所笼罩。我最大的愿望是下层社会的人们,尽管他们普遍欠缺智慧,但是他们的本性却应当获得所有人的赞美。当我本人感到惊讶时,外国人则必然会更为惊讶于他们对社会秩序的追求和对爱国精神的认同,他们对那些能够判断的所有事项上所表现出的理智,以及他们并没有在任何事情上被那些抛弃他们的野心家们所蒙骗。

再见^①,亲爱的西尼尔。

亚历克西斯·德·托克维尔

---

① 托克维尔在此使用了两人书信往来中似乎未曾使用过的"Adieu"一词,该词不仅含有"再见"之意,而且还含有"永别"之意,而透过该词也能真切地感受到托克维尔在当时的背景下对于前途(甚至可以说生死)的忧虑。——译者注

　　托克维尔与西尼尔在此后的多封信件中,继续围绕着"二月革命"展开探讨。事实上,托克维尔此时已经身处革命的浪潮之中,他甚至在紧接着的一封信件(1848 年 4 月 17 日)中写道"自己终日紧握着的是枪杆而非笔杆"①。但两人对于"二月革命"的探讨更主要的则是围绕着其原因所展开,西尼尔提出法国缺乏本国的济贫法以解决贫困问题无疑是革命爆发的原因,但托克维尔则认为革命爆发的原因已经不再是缺乏济贫法那么简单,尽管法国的确需要制定一部本国的济贫法,这种观点上的差异也将两人对于济贫法的探讨引向了更深的层次 ——译者

---

　　① See *Correspondence and Conversations of A. de Tocqueville with Nassau William Senior from* 1834 − 1859, ed. M. C. M Simpson, in Two Volumes (London: Henry S. King & Co. , 1872). Vol. I, p. 39. ——译者注

西尼尔致托克维尔的信①

伦敦,1849 年 1 月 29 日

我亲爱的托克维尔先生,我已经恳求班克罗夫特先生(Mr. Bancrof)带上我在《爱丁堡评论》(*Edinburgh Review*)上发表的两篇文章之复本,我想您和您的夫人也许会对它们感兴趣。

自从 5 月份离开巴黎之后,我在爱尔兰待了一段时间,又在英格兰的西部待了一段时间,而在剩余的时间里,由于感染了支气管炎,我非常遗憾地只能待在自己的房间中,直到大约三周前才完全康复。您的努力不仅获得了更多人的认可,而且还表现得卓有成效。我也如同世界上的任何其他人一样,都对您为财产的辩护感到由衷地欣慰,格罗特夫人(Mrs Grote)甚至考虑以此为由撰写一篇关于济贫法律制度的文章。

事实上,我们将根据《爱尔兰济贫法》(*Irish Poor Laws*)②在上议

---

① 原书目录中的标题分别为《英国政府的外交政策》(*Foreign Policy of English Ministers*)、《法国人的精神不振》(*Universal listlessness in France*)。——译者注

② 此处的《爱尔兰济贫法》应当指的是《1847 年爱尔兰济贫法修正法案》(*Irish Poor Laws Amendment Act of* 1847)。——译者注

院和下议院均设置委员会。

它们显然将为政治经济学家们提供极具价值的案例。这场在爱尔兰开展的实验不仅规模巨大，而且在将爱尔兰人推到了如此极端的境地之后，却又对他们的境遇不闻不问，[①]而如此的（实验）结果就如同马金迪（Majendie）[②]所教导我们的那些一样应当铭记。

我非常遗憾您谢绝了前往布鲁塞尔的工作，我担心国会可能会因此分裂进而（使得此事）无果而终。奥地利和撒丁王国之间的分歧犹如鸿沟而根本难以靠外交上的工作予以填补。

昨天在我和撒丁王国的部长邵利侯爵（Marquis Sauli）进行了一次长时间的交谈之后，我开始非常担心皮埃蒙特和热那亚（Piedmont and Genoa）的民众会迫使他们的政府与奥地利重新开战。看起来似乎是他们因为自己的荣誉感要求双方再次开战。但我只是希望，如果他们战败了——这在我看来是必然的结局，那么他们能够坦然地接受再次战败所带来的苦果。

---

① 《1847年爱尔兰济贫法修正法案》的重要修正之处在于放宽了院外救济，对于那些不具有劳动能力的穷人，不再要求其必须入住济贫院，而对于那些具有劳动能力的穷人，则唯有在当地救济院（因为人满为患等原因）无法入住时才可以进行院外救济。但值得注意的是，该法要求济贫的所有费用（以济贫税为形式）由爱尔兰本地承担，这对于当时正在遭受大饥荒的爱尔兰（人）来说无疑是雪上加霜，以至于大量的地主开始驱赶佃户和毁屋拆墙，以此试图规避济贫税，但这也制造了一大批新的（需要救济的）穷人，并使得整个济贫法律制度陷入了恶性循环。——译者注

② 此处的"马金迪"（Majendie）可能指的是约翰·詹姆斯·马金迪（John James Majendie）或威廉·亨利·马金迪（William Henry Majendie）父子俩（人中的一位），父亲约翰·詹姆斯·马金迪（1709—1783）曾经担任英国国王乔治四世（King George IV）的私人教师，儿子威廉·亨利·马金迪（1754—1830）则曾经担任英国国王威廉四世（King William IV）的私人教师。——译者注

　　我预感到公众将会对国会的某些议题表现出深深的忧虑，事实上，政府对于爱尔兰的政策和外交政策必将受到严厉抨击，而我不知道他们将会如何对上述这些政策进行辩护。他们在 1846 年修改了《爱尔兰济贫法》(The Irish Poor-law)以扩大救济的范围①，这是对内阁中那些最富有智慧之人合理决断的宣战，也是对那些无知民众无理叫嚣的妥协——修法的过程如此艰难，却不仅会使得道德败坏，而且还会导致物欲横流。在我看来，他们对法国的外交政策尚属令人满意，但对意大利的外交政策却令人愤恨。他们乐意接受热那亚公爵(Duke of Genoa)成为西西里岛国王(King of Sicily)，这无疑是我所身处的时代曾发生过的最荒谬、最恶劣的违反国际法之行为。

　　我无法想象帕默斯顿勋爵(Lord Palmerston)将会如何予以辩解，如果他失败了，那么这届政府将难以继续执政。我听说他试图让梅特涅(Metternich)②在布莱顿(Brighton)能够继续统治奥地利。如

---

　　① 在历史上的"爱尔兰大饥荒"(Great Famine)(1845－1850)之前，根据《1838年爱尔兰济贫法》之规定，救济只能采取院内救济的形式，这在当时尚且能够应付。但在大饥荒爆发之后，由于饥民人数暴增和救济院人满为患，议会在 1846 年着手开始修法，而修改后的《1847 年爱尔兰济贫法修正法案》则允许对"病人""残疾人"和"拥有两个及以上婚生子女的寡妇"进行院外救济。对于健康的劳动者，则规定只有在救济院内人满为患或者疾病肆虐的情况下才能进行救济。但是到 1849 年时，济贫税已经无力支撑爱尔兰的济贫法律制度的运行，所幸"大饥荒"至 1850 年基本结束。——译者注

　　② 克莱门斯·冯·梅特涅(Klemens von Metternich)曾任奥地利首相(1821－1848)，作为十九世纪保守主义的巨擘，他作为战胜拿破仑后重建欧洲秩序的重要策划人组织了 1815 年维也纳会议，并多次主持"四国同盟"的会议以镇压欧洲各国革命，但在 1848 年法国"二月革命"的影响下，奥地利也爆发了"三月革命"推翻了梅特涅政府，他本人随即逃亡英国。——译者注

果的确能够如此,这将是他长期执政过程中最为成功的一点。

我们对卡芬雅克(Cavaignac)在选举中的失败感到不止一点的遗憾①,因为这也使得在英国颇受欢迎的博蒙特先生(M. de Beaumont)无法如预期中的那样前来赴任。您能告诉我任何关于塞西尔海军上将(Admiral Cecile)的情况吗?在这里似乎没有人听说过他的这位继任者。

请告诉我您的消息,以及我们能否在夏天见到您和您的夫人。自从我上次见到您之后,我们家中又新添了一位非常有魅力的儿媳妇。我们仍有几间空房间随时供我们的朋友使用,但是如果儿媳妇为家中生了孙辈之后,家里可能会变成托儿所。因此,我希望在家里房间还空着的时候,您能前来与我们相聚。我希望我自己能够在5月前往巴黎。如果我们能够自由行动的话,我们可能会在8月前往卡尔斯巴德,在9月和10月前往意大利。

我代表自己和所有亲朋好友向您和您的夫人致以最诚挚的问候。

您永远的朋友

拿索·威廉·西尼尔

---

① 路易·尤金·卡芬雅克(Louis Eugène Cavaignac)将军在法国"二月革命"后参与了法兰西第二共和国的总统选举,但是败给了路易·拿破仑·波拿巴(Louis Napoleon Bonaparte),即后来的拿破仑三世。——译者注

西尼尔夫妇与托克维尔夫人的对话①

巴黎,1849 年 7 月 27 日

我和我的夫人在 12 点左右前去拜访托克维尔夫人,我们在外事酒店找到了她,她当时面前放着一大袋五法郎的银币,在她身边还有一名外交部的雇员,也是她处理慈善事务的秘书,而在她边上则放着一份这一大袋银币将要分配的救济人员名单。桌子上铺满了各种救助信,我看了其中的两三封信。其中一封来自一位文学家的遗孀,另一封则来自一位在革命中倾家荡产的商人。他们的所有请求都没有在外交部长那里获得支持,而他只有在能够使他获得丰厚回报的情况下才会予以支持。托克维尔夫人说,她当然会对情况进行询问,但询问一般都浮于表面,她一定会不断地受到欺骗,并由此徒徒浪费大量的时间和金钱,而如此的救济显然弊大于利。可以说,富人较之于穷人似乎更需要一部济贫法。

我们谈到了议会休会的可能性。托克维尔夫人说,休会建议被

---

① 这段对话被记录在西尼尔的《法国日记》(*Journals in France*)中。——译者注

提出来伊始,总统在策划发动政变(coup d'etat)的恐慌就蔓延开来了。她承认许多总统周围的人都在催促他赶紧登基称帝①,如果他的品性自 1840 年以来未曾生变,那么他非常有可能会经不住如此诱惑。但是托克维尔夫人认为,现在的他应该已经足够理智,不会去尝试那只有一时成功的可能而无法获得永远胜利之事。她确信他的任何一位部长都不会支持他(登基称帝)。她说道:"他们认为我们是有野心的阴谋家,但是我们所希望和努力的是能够保住自己的生命和财产,以及保护我们的同胞。我们从未从我们自己的家中拿走任何(不该拿的)东西,我们只是旅店中的过客而已。"

---

① 此处的"总统"应当是指上文提到的路易·拿破仑·波拿巴,他于 1848 年 12 月当选法兰西第二共和国总统之后,又在 1852 年 11 月称帝成为"拿破仑三世",同年 12 月法国国会宣布恢复帝国。——译者注

西尼尔与托克维尔等人的对话①

　　我和安培、托克维尔走到了卡马尔多利(Camaldoli)的一所被废弃的修道院，它坐落于一座可以俯瞰"梅塔"(Meta)的山上。然后，从山上下来步入平原，这四个小时行程是我们度过的最美好的时光。

　　我们谈到了推测法国未来宪法的难处。

　　托克维尔说："任何形式的政府都曾经历过从起用到弃用的过程，君主专制、君主立宪制、寡头政治和民主制皆是如此。而贵族作为混合(制)政府中最为重要的因素也(在从起用到弃用的过程中)经历了最多的磨难。

　　"无论法国人走到哪里，他们都在抨击财富和消灭特权，而当君主回来之后，他们唯一保留的就是那用来反对贵族政治的机构(即议

---

　　①　西尼尔与托克维尔在1851年同游了意大利，上述对话是西尼尔以日记的形式记载下来的，编者将这一大段对话(在目录中)分别取名为《济贫法》(*Poor Law*)、《救济权》(*Right of Relief*)、《慈善的有害后果》(*Injurious Effect of Charity*)、《济贫法的益处》(*Benefit of Poor Law*)和《饥饿而死》(*Death by Starvation*)。——译者注

会）。即使您在英国也在通过《改革法案》(The Reform Act)①对它进行支持。"

我回答道："《济贫法修正案》(The Poor Law Amendment Act)对贵族们的打击所造成的伤害远比《改革法案》来得要重。毕竟《改革法案》主要影响的是贵族们的财富。

"《改革法案》仅仅剥夺了富人的政治权力,而《济贫法修正案》却废黜了乡绅阶层。

"当(《济贫法修正案》使得)那些乡村(治安)法官(即所谓的'太平绅士')在他们自己的管辖区域内成为纳税人财产和劳动者收入真正的掌管者时,他们要么无法再影响所在教区的决策,要么无奈接受'监管人委员会'(Board of Guardians)的职位,与那些小店主和农民们进行争论和投票。"

托克维尔说道："无论法国在其他方面的命运如何,其中有一件事无疑是可以确定的——我们必须制定《济贫法》,而类似的法律法规对于现今的大城市来说也绝非陌生。

"巴黎在慈善事业上的花费可能和伦敦差不多。在一年的某些时段,多达四分之一的民众获得了救济,但在乡村却没有任何救济,而在城市的救济则缺乏规范。

---

①　此处的《改革法案》应当指的是英格兰与威尔士《1832 年改革法案》(The Reform Act 1832),该法案赋予了此前没有代表的城区相应的代表资格,同时放宽了投票的资格。此后,《1832 年苏格兰改革法案》(The Scottish Reform Act 1832)和《1832 年爱尔兰改革法案》(The Irish Reform Act 1832)也做了相似的规定。——译者注

"但不幸的是,梯也尔(Adolphe Thiers)①这样一个在许多问题上都经历颇丰的人,在这一问题上竟提出了如此荒谬的建议。他计划在公共工程上支出一大笔钱,将'国家工场'(ateliers nationaux)②推广到全国各地。"

安倍说:"他有可能会改变决定吗?"

托克维尔说:"我恐怕他不会。

"尽管如此,有一个问题我至今无法得出结论。这个重要的问题就是救济权(The Right to Relief):我们是否应该说,基于法律的角度来说没有人应当忍饥挨饿。如果我们授予了公民这项权利,肯定会使得这种救济令人反感。我们必须拆散那些家庭,将济贫院变成监狱,让慈善变得遭人嫌弃。

"如果我们拒绝授予公民这项权利,那么取而代之可以提供(给他们)真正的慈善,以此在穷人和富人之间建立其相应的纽带。事实上,《济贫法》必然会对劳动者应当具备的勤勉、节俭和远见等品性带来许多负面的影响,毕竟无论他如何作为,他和他的家人(因为享有

---

① 此处的"梯也尔"应当是指"阿道夫·梯也尔"(Adolphe Thiers),他在"七月革命"之后,先后担任过内阁大臣(1832年,1834年至1836年)、首相(1836年)和外交大臣(1840年)。在1848年"二月革命"之后,他协助路易·拿破仑·波拿巴登上了总统的宝座,而自己(也就是在托克维尔与西尼尔交谈的当时)则作为议员活跃在国会。梯也尔在1871年至1873年担任了法兰西第三共和国的首任总统,他也正是残酷镇压巴黎公社的罪魁祸首,马克思在《法兰西内战》中对他有过深刻的批判。——译者注

② "国家工场"在法国最初建立的目的在于雇用无业人员,其历史史可以追溯到1786年,但到1848年革命爆发时,临时政府计划将工场中的工人(当时大约有多达十万人)武装起来对抗革命工人,这也直接导致了当年七月的巴黎工人武装起义,随即"国家工场"也被大规模解散。——译者注

救济权)不都不会挨饿吗?"

我回答道:"我并不确定当我们拥有大量的慈善(基金),但却并未相应赋予公民救济权(或者在赋予救济权)时也未相应对本该进行限制的救济权予以规制,那么这些慈善(基金)在种种不良的社会环境下运行时,是否也会如赋予救济权那样对劳动者应当具备的勤勉和节俭等品性造成不良的负面影响。事实上,任何人都希望能够从慈善基金中分得一杯羹。这将使(救济权)原有的两大优点被逐渐消磨殆尽:一项优点是使数百万并未行使这项权利的人也能够获得安全感,他们会因为享有这项权利而感到安心。这就像一道位于道路和悬崖之间的矮墙,它为成百上千的旅行者们提供了慰藉,但却从未直接救起任何一位落崖之人。

"另一项优点即是对乞讨的抑制。在没有赋予救济权的地方,命令穷人不得进行乞讨以及富人不得予以捐赠无疑显得非常残酷无情。但当伦敦的一位乞讨者告诉我他非常饿的时候,我并不会相信他,因为我知道他只需要向负责救济的官员提出申请就能够免于饥饿。但在没有赋予救济权的地方,我不得不在细致询问以决定是否救济(但我往往没有充足的时间),抑或在直接救济一位很有可能是骗子的人,还是拒绝救济一位很有可能因为贫穷而行将毙命的人之间进行艰难地抉择。"

安培说:"即使授予了公民救济权也并不意味着他们就拥有了完善的保障。我被告知伦敦每年都至少有一百人死于饥寒交迫。"

我回答说:"毫无疑问,每年有一百人直接死于贫困,还有成千上万的人死于因贫困造成的疾病。他们都是些因为疾病、灾祸或者不检而导致失业的人,他们生活在每个大城市都能找到的那种破败不堪的小巷和陋室之中,并显得与那些受过良好教育的阶层格格不入。而当他们因为自尊、偏见或厌恶济贫院的种种约束而拒绝申请公共救济,在变卖掉自己那点可怜的财产之后,他们就只能惊恐地躲在地窖和阁楼中忍受着寒冷和饥饿。

"由饥饿而导致的死亡往往发生的非常突然。我在 1848 年见到了许多例子,赫伯特船长(Captain Herbert)在'大饥荒'①期间是爱尔兰肯梅尔(Kenmare)的济贫法监察官。他每天早上都能够在通往城镇道路旁的树篱下发现尸体。这些尸体无一例外都是瘦骨嶙峋,胃里空空如也,以至于透过他们薄薄的皮肤可以清楚地看到整副骨架。

"几乎在所有尸体的口袋里都能发现钱。这些是为了移民而前往肯梅尔之人的尸体,他们往往是一路乞讨而来,不舍得使用这一小笔用来购买船票的钱,直到他们因虚弱而摔倒或者因疲劳而倒下,最终在漆黑的夜色中饥寒交迫地死去。"

---

① "爱尔兰大饥荒"起因于当时作为爱尔兰人主食的马铃薯由于感染霉菌而连年绝收,所以这场大饥荒也被称为"爱尔兰马铃薯大饥荒"(Great Potato Famine),而"大饥荒"促使超过百万的爱尔兰人移民美洲等地以求获得一条生路。——译者注

　　托克维尔与西尼尔在此后的信件中提到,国会在修改宪法之后,其一项重要任务就是制定法国自己的《济贫法》①,但这项任务似乎在托克维尔有生之年也并未完成。然而,西尼尔在(1850 年 8 月 19 日)造访托克维尔的家乡时记录了如下的片段:

　　当我正准备在早餐前出门的时候,一名背着包的职业乞讨者(professional beggar)走上前来。外地来的穷人能够获得一苏(sou),但仅仅只是在一周中的某一天。本教区的穷人则可以获得托克维尔先生和农场主们提供救济的食物,有时救济也会直接提供现金。我有一次亲眼看到(托克维尔)伯爵给了一位病人五法郎。而教会则没有(为济贫)进行募捐,也没有为穷人设立任何(慈善)基金。所有的(救济)都留给了私人慈善。②

　　从中可见,托克维尔在法国缺乏《济贫法》的情况下,联合乡绅们设立了私人慈善(基金),尽管正如他本人所说的那样,私人慈善所能帮助的穷人们有限,但他仍然在践行着自己的理想。——译者

---

　　① See *Correspondence and Conversations of A. de Tocqueville with Nassau William Senior from 1834 — 1859*, ed. M. C. M Simpson, in Two Volumes (London: Henry S. King & Co. , 1872). Vol. I, pp. 235—237. ——译者注
　　② 这段见闻被记录在两人一次对话的开篇, See *Correspondence and Conversations of A. de Tocqueville with Nassau William Senior from 1834—1859*, ed. M. C. M Simpson, in Two Volumes (London: Henry S. King & Co. , 1872). Vol. I, p. 112. ——译者注

附　录

一、济贫法在美国（1833）①

美国移植了大量英国有关济贫的法律制度。

在美国就如同在英国那样，任何贫困之人都拥有向国家主张（希望获得救济）的权利（droit），而"慈善"也因此演变成为一种政治制度。

给予穷人的救济大致可以区分为以下两种方式：第一，在任何城市以及绝大部分乡村，均可以找到被称为救济院（almshouses）、慈善院（houses of charity）、济贫院（poorhouses,）、穷人之家（houses of the poor）的各类机构。这些机构既可以被认为是某种庇护所，也可以被认为就是一种监狱。在公共经费的支持下，最贫困的人被送到这里

---

① 本文作为附录收录在托克维尔和博蒙特合著并于 1833 年出版的《论美国的监狱制度及其在法国的应用》（*Du Système pénitentiaire aux États–Unis et de son application en France*）一书中，而该文可以视为托克维尔对济贫法研究的开篇之作。本文及该书的法文版被收录在《托克维尔全集》第四卷当中，See *Oeuvres complètes*，Tome 4，Paris，Gallimard 1985。而该文的英译本可见于，See Gustave de Beaumont，Alexis de Tocqueville，*On the Penitentiary System in the United States and its Application to France*，Translated by Emily Katherine Ferkaluk，Palgrave Macmillan，2018。最新的英译本则可见于，See Alexis de Tocqueville，*Memoirs on Pauperism and other Writings*，Edited and translated by Christine Dunn Henderson，University of Notre Dame Press，2021。本文在翻译过程中则综合参考了上述各个版本。——译者注

(通过劳动)来维持它的运转。那些流浪者(vagabonds)也被治安法官扭送到这里并在此参加劳动。因而,济贫院同时接收了那些无法通过自己的劳动养活自己的穷人和那些可以通过自己的劳动养活自己(但不想如此)的懒人。

除了慈善院(济贫院)所提供的救济之外,政府还需要花费大量的资金照料那些生活在当地的穷人。

镇区每年都要通过在当地征税的方式支付这些公共慈善(public charity)的开支,济贫法专员则被指派监督这些经费的募集和使用。

为了资助那些需要救济的穷人,一项被普遍认同的原则是:国家仅仅是预先垫付救济所花费的开支,而穷人们需要通过劳动偿还这些开支。但我们发现在美国就如同在英国那样,几乎不可能在实践中严格地执行这项原则。毕竟许多穷人根本不具有任何劳动所需要的能力,也正是因为缺乏这些能力才导致他们不得不需要寻求国家的庇护。与此同时,几乎所有那些赤贫的穷人都染上了懒惰这一难以更改的恶习。此外,被强制送进这些"慈善院"的穷人都认为自己仅仅是不幸而非有罪,他们质问社会是否有权在违背他们意愿的情况下强制将他们送到这里并从事这些毫无意义的工作。对此,政府实际上感到无法进行有效的辩护:对慈善院的管理显然不能照搬监狱,即便住在这里的人不再自由,他们也不应像犯人那样被对待。

这里也就引申出了英国式的济贫法律制度所面临的最为突出的难题,即济贫的人数本应在济贫(法律)制度有效地运行之后或多或少地减少,但事实上根本未曾出现过上述期望的结果。

由此,马里兰州规定在进入慈善院后,被救济的穷人要生活在此就有义务进行劳动直至他赚取的足以支付为他所开支的。但该原则的结果可谓显而易见:当该原则被全面适用时,不仅不会有助于节约公共财政,反而会对公共财政造成沉重的负担。毕竟大多数穷人根本无法通过工作赚取为维持生活所需要开支的费用,而判处他们待在慈善院直至他们的劳动能够弥补开支,无疑等同于判处他们永远拘禁于此,这既有损于穷人,也无害于社会。在宣布实施该法之后,也就意味着还需要允许负责济贫的官员们在日常的履职过程中不停地违反该法,并赋予了他们不受限制的自由裁量权。但我必须进一步指出的是,无论法律赋予了行政机关什么样的权力,他们都无力压制住那些穷人希望重新获得自由的心。毕竟如我上文所述,也是在此想要再次重申的,济贫院并不是也不应是监狱。

马里兰州的济贫法所确立的原则毫无疑问极大地减少了该州政府的济贫开支,这显然不是因为穷人们生产了更多的商品弥补了这些开支,而是因为公共慈善机构不再受到穷人们的青睐,并使得他们不再愿意入院接受救济,除非他们已经极度贫困而难以生存。

值得一提的是,公共慈善作为一种制度究竟是有害的还是有益的?这无疑是一个非常重要的问题,我们之中没有人对此进行过细致探讨和详尽回答。

就此而言,应当将由于身体或物质上的原因而造成的贫穷与其他原因造成的贫穷细致地区分开来。政府对前者的救济不会对社会造成严重的伤害。毕竟没有人会希望通过少一只胳膊来换取公共救济。但是我相信,制定任何通过可预见的方式以救助那些经历了重重磨难的穷人的(济贫)法,其最终必将导致需要救济的穷人数量不断地上升。此外,如此的法律还将使那些获得救济之人不断地堕落。我们早已知晓英国的济贫税所导致的巨大的问题。如果上述情况(及其问题)再持续超过半个世纪,那么人们将会发现,英国未来的工人们正在享有过去的农民们所拥有的土地。与此同时,尽管美国的穷人数量相对较少,但这既非源于那些在我们国家导致穷人数量巨大的原因,也并非源于重视法律,而是源于忽视法律。在美国,我们注意到作为法源的济贫法律制度已经被政府以各种各样的形式肆意滥用,由此造成了实施中无数的问题和巨额的开支。我们可以发现,美国底层社会的居民沉迷于各种反社会的陋习之中,并且在行事时处处表现出短视,但这些正是源于穷人必定能够获得救济。多数城市的爱尔兰人在夏天过着富足的生活,而在冬天则选择在济贫院里度日。可以说,公共慈善已经失去了它们本该具有的使被救济者感到羞愧的基本功能,因为成千上万的人已经在靠它度日。而在欧洲各地,我们通过观察即可以发现,当社会的上层阶级准备开始救济穷人以缓减他们的痛苦时,总会收到超过预期的结果,因为他们在想象时往往夸大了穷人所遭受的苦难,而这些苦难事实上根本未曾遭受。因而,在美国,那些我们有机会参观的慈善院通常均成为穷人的庇护所,他们在那里不仅能够变得健康,且还能收获久违的快乐,而这些健康和快乐是他们在院外勤恳劳动都可能无法奢求的。

在以上初步的反思之后,我想进一步引用 1830 年纽约州有关济贫人员数量和相关济贫开支的统计数据,这些数据将有助于我们更为精准地认清济贫法(律制度)在美国的运行情况。据我所知,纽约州是联邦中穷人数量最多的州,也没有证据表明纽约州的穷人数量比其他各州来得要少。

在 1830 年,纽约州被分为 55 个行政区,即所谓的县(Counties,法语中被称为 Comtés),在每个县都有三到五位所谓的"济贫事务监察官"(Superintendents of the poor),这些官员负责监管对穷人的救济,他们也负责本县慈善院的建造和运行,并直接对其进行管理。慈善院每年的经费通过征税的形式筹集,其通常在所谓的"(济贫事务)监管委员会"(The board of supervisors)选举和产生之后,由该委员会代表全县进行征收。根据该法之规定,济贫事务监察官应当每年向州政府提交年度工作报告。以下是对不同县的年度报告所做的归纳和分析。

在 1830 年,仅仅只有 44 个县提交了年度报告,这些县共计拥有 1653845 位居民。

根据这 44 个县提交的报告,共计 15506 位穷人获得了救济,这意味着每 107 位居民需要负责救济一位穷人。在 15506 位穷人中有 2376 人并未居住在纽约州,因而在减去这些人后,纽约州每 126 位居民需要负责救济一位穷人。

在评估后可以发现,这 15506 位穷人的工作大致可以为该州在 1830 年节省约 10674 美金。

因而,在这一年中,每位穷人需要通过劳动赚取 70 美分,约合 3.71 法郎。

而减去他们通过劳动所赚取的报酬之后,这 15506 位穷人至少花费了州政府 216535 美金,也就是为救济每位穷人花费了 14 美金,约合 74 法郎。

行政机关和法院的开支则达到了 27981 美金,约合 158299 法郎。

因此,在 1830 年,纽约州为资助穷人而向每一位居民征收的(济贫)税金达到了 13 美分,约合 69 生丁(centimes)。

除了上述这些每年的花销之外,州每年还需要为救济穷人在土地和房屋等方面支出一大笔花销。

晚近,纽约州开始建立一块农业殖民地以资助穷人。在我所走访的 44 个县中,3878 英亩良田被重新分配用以此目的。这些良田大多属于州政府,或者是州政府通过极低的价格所购得。州政府将这些土地交给穷人们耕种,这将能极大地减少州政府的公共财政(在救济穷人方面)开支,而这些穷人也将有活可干进而实现自食其力。这也是美国(济贫法律制度)相比英国(济贫法律制度)的另一大进步。

由此,在 1830 年,纽约州政府投入的资金大约总计 757257 美金,约合 4013409 法郎。

二、济贫法在英国（1835）①

在这部新法中，英国人延续了伊丽莎白女王颁布的旧法也就是《1601 年济贫法》所确立的原则：任何人在缺乏维持生存所需要的基本物质时，有向社会要求获得帮助的权利。

但当他们试图缓减社会因救济而需承担的义务时，他们实际上不仅改变了救济的管理，而且还改变了救济的本质。

救济的管理

在新法即《1834 年济贫法》颁布之前，旧法规定由教区承担救济穷人的义务，但却对于被救济的穷人又放任其自由，由此导致的结果就是不计其数的滥用。我们可以想象当一些小教区自己承担如此重

---

① 本文是托克维尔在研究了西尼尔提供的《1834 年济贫法》及其相关资料后所写（对此可参见《书信和对话集》中，西尼尔在 1835 年 3 月 18 日致托克维尔的信件，以及托克维尔在同年 5 月的回信），其原名则是：*The Poor. Examination of the Law of 14th August* 1834。根据法文版《托克维尔全集》主编雅各布·彼得·迈耶（Jacob Peter Mayer）教授所述，该文应当是托克维尔在 1835 年第二次英国之旅时所写。该文的法文版被收录在 1958 年法文版《托克维尔全集》第五卷第二册当中，See *Oeuvres complètes*，Tome 5，Vol. 2，Voyages en Angleterre，Irelande，Susisse et Algérie. Edited by J. P. Mayer and André Jardin. Paris，Gallimard，1958。在第五卷第二册出版的同时，迈耶教授还在耶鲁大学出版社编辑出版了《英国与爱尔兰行记》（See *Alexis de Tocqueville*，*Journeys to England and Ireland*，translated by George Lawrence and J. P. Mayer，New Haven，Yale University Press，1958.），该文也被作为第三篇附录收入其中，而该书最新的英译版可见于，See *Alexis de Tocqueville*，Journeys to England and Ireland，*translated by George Lawrence and K. P. Mayer*，*editor by J. P. Mayer*，*Routledge Press*，2017。本文在翻译过程中综合参考了上述多个版本。——译者注

要的救济管理工作时究竟会发生什么。与此同时,这还导致不同教区之间所承担的救济义务出现了巨大的失衡(《评论季刊》第106期所刊载的文章就很好地勾勒出了肯特郡的各个教区中所存在的各种滥用)①。

在《1834年济贫法》颁布之后,该法将对穷人的救济管理从地方集中到中央,并由三位被称为(英格兰与威尔士)"济贫法专员"的官员负责,而这些专员则由国王委任。

济贫法专员负责监管各教区,不仅有权制定救济规则,还有权将相邻数个教区联合起来组成"教区联盟"(unions),以便更好地为穷人们提供工作以及更好地改善地方救济管理工作。济贫法专员则有责任每年向国会提交年度济贫工作报告。

特定个人可以对济贫法专员所做出的决定提起上诉,或者也可以针对他们所制定的规则直接(也只能)向"王座法院"(Court of King's Bench)提起诉讼。

除了上述主要官员之外,每一个教区或者教区联盟都拥有一定数量的地方(济贫)官员,尽管他们名称迥异,但均是负责调查教区内穷人们所需救济的情况。事实上,这些(被该法称为"济贫管理人"的)官员并非由济贫法专员所任命,而是每年由所有缴纳"济贫税"

---

① 托克维尔在此提到的是一篇刊载于《评论季刊》的题为《英国慈善》(*English Charity*)的匿名论文,See *Quarterly Review*,Number 106,vol. liii,London 1835,pp. 473－539.——译者注

(Poor Rate)的纳税人通过投票选举产生(参见《1834 年济贫法》第 38 条)①。济贫法专员虽有权向济贫官员发出命令,但是无权将他们撤职,也无权对他们进行处罚(参见《1834 年济贫法》第 38 条)。而上述权力则被授予了郡内任意两位治安法官,对于他们的决定则可以向郡内所有治安法官共同参与的"季审法庭"(Quarter Sessions)②提起上诉(注:《1834 年济贫法》第 43 条至第 54 条)③。

让我们暂停片刻以审视这一极富英国人特质的组织机制,而基于这种特质所建立起来的机构在新大陆可谓随处可见。

---

① 根据《1834 年济贫法》第 38 条前半段之规定:"在该法颁布后,数个教区可以为了执行该法而基于命令或者济贫法专员的同意而结成联盟,该联盟应当组织和选任出'济贫管理人委员会'(Board of Guardian of the Poor),委员会负责管理联盟内的济贫院,以及救济联盟内的穷人。上述济贫管理人由纳税人和组成该联盟的教区内的有产者通过投票选举产生,并应当要求他们以在各教区登记为有产者的方式获得投票选举的资格。"——译者注

② "季审法庭"是由郡内全体治安法官共同参与,一起处理事务而组成的法庭,因其一年四次开庭而得名,但在必要时也会增加开庭次数。"季审法庭"由本郡的治安法官组成,包括一名主席以及一名或多名副主席,有资格担任主席的包括高等法院法官、郡法院法官、特定自治市的记录法官等,而当主席属于前列法官时,其管辖权限会相应变大。——译者注

③ 根据《1834 年济贫法》第 43 条之规定:"在该法颁布后,济贫事务专员所制定或发出的规则、命令、条例或规章应当在任何济贫院中得以遵守和执行,治安法官有权在救济院所在的郡、地区或辖区范围内,以他认为恰当的时间走访、视察和检查救济院,以确保上述规则、命令、条例或规章在济贫院中得以遵守和执行,以及为其他目的而根据先王乔治三世三十年颁布的《治安法官授权法》(*An Act Empower Justices of the Peace*)对他们和其他人员的授权以走访济贫院,并通过检查和核验接受济贫人员的状况和条件以向季审法庭进行报告。如果治安法官认为规则、命令、条例或规章在济贫院没有被合理地遵守和执行,该治安法官可以合法地传唤违法的一方,该方应当在两位治安法官面前对其并未遵守规则、命令、条例或规章的控诉进行答复。如果两位治安法官认为该方违法,其将因故意忽视或未遵守规则、命令、条例或规章而被判决受到处罚和惩戒。"——译者注

三项基本要素始终被予以贯彻：

(1)对行政权(主体)的委任；

(2)选举；

(3)由司法权进行控制。

上述三项基本要素被以一种既能够确保能动性，又不至于陷入专断式管理的方式组合起来。

三位济贫法专员由国王委任，并在王国的首都展开工作，负责指挥这台基于济贫法所组建起来的庞大机器。而当他们产生错误时，特定个人可以向王国内最为重要且同样位于首都的法院之一提起上诉。

济贫法专员拥有绝对的权力以向地方济贫官员们发出命令，但他们既无权对他们进行任命也无权对他们进行撤职。因为这些属于教区自身的职责范畴，毕竟宪法明确规定征税必须获得同意(纳税人的投票权也会根据他所缴纳的赋税而按比例进行分配，因而某个纳税人可能会同时拥有三次投票权)(注：《1834年济贫法》第40条)①。

---

①　根据《1834年济贫法》第40条之规定："在该法颁布后，在依据本法选举济贫管理人，或者为了实现本法的任意目的而需经过教区或教区联盟内有产者和纳税人的同意时，除非本法另有明确规定，否则其投票均应当在济贫事务专员的指导下以书名形式填写、收集和汇总。在上述情况下，如若涉及教区或教区联盟的财产问题时，有产者和纳税人均拥有投票权，有产者应当拥有根据先王乔治三世五十八年颁布的《教区委员会规制法》(An Act for the Regulation of Parish Vestries)以及五十九年颁布的该法修正案中规定的居民及其他人员相同数量和比例的投票权；纳税人则在缴纳200英镑以下时每人享有一次投票权，在缴纳超过200英镑但低于400英镑时每人享有两次投票权，在缴纳超过400英镑时每人享有三次投票权。"——译者注

最后，如果地方救济官员们并未有效地履行济贫法官员所规定的义务，公正而又独立的司法权将会判决他们重新履行义务。

新法已改变救济的本质

在我看来新法最为重要的改变在于：

第一，旧法将向个人的救济视为是一种"捐款"(gift)，但新法则将救济视为一种"借款"(loan)，诸如某位男子因为他的妻子或者低于十六周岁的子女需要而申请救济时，向他提供的救济即被视为借款(注：《1834年济贫法》第58条至第59条)①，因而当穷人在陷入困境而申请获得公共救济时，负责执行济贫法的地方官员将代表治安法官向其雇主提出应当将报酬交还给教区，或者至少是将用以维持最低生活标准之上的报酬部分交还给教区(注：但立法者在此无疑陷入了一种恶性循环之中，如果他不坚持认为劳动者们应当通过辛勤的劳动以获取报酬，那这些报酬显然并不属于借款，而依然属于捐款范畴；但如果他坚持这样认为，那么劳动者迟早会返贫并重新成为社会的负担)。

第二项重要的改变涉及"非婚生子女"(illegitimate children)。

在旧法之下，妇女在怀有非婚生子女之后，当她以宣誓的方式指明子女生父，且生父予以承认，他将被要求承担抚养义务，但如若不

---

① 根据《1834年济贫法》第58条之规定："在该法颁布后，任何给予年满二十一周岁的穷人抑或其妻子、未满十六周岁家庭成员的救济及其费用，济贫事务专员都应当通过制定规则、发布命令或者公布规章的方式将其宣布或者直接认定为属于贷款。"——译者注

予承认则将改为由教区负责抚养。我此前已经指出了旧法的上述规定是如何导致道德败坏的。

但在新法之下，未婚母亲的誓言将不再被采信，她的誓言必须和其他证据相结合一并考虑。如果子女需要由教区承担抚养责任，所给予的救济正如该法所述，最终需要由母亲所负担（注：《1834 年济贫法》第 70 条至第 77 条）①。

以上两点就是新济贫法主要的改变。但如若细致地观察，人们可以非常容易地发现该法最为重要的改变绝非是文字上的变动，而是制定该法背后的理念上的变化。

新济贫法在文字下的真实目的在于，通过让穷人们对救济心生厌恶，以此改变旧济贫法所鼓励他们向公共慈善寻求救济的现状。

英国人觉得这一目的难以在新法中直接表明，而法律的执行依赖的是那些执行法律之人而非制定法律之人。因此他们所做的就是建立起了一套由中央至地方的管理机制，并赋予了他们制定规则的权力。而制定这些规则的主要目的在于使穷人对这些"法定慈善"心生厌恶，以至于除非陷入绝境否则绝不愿意寻求获得它们的救济。要想充分理解新法的这一真实目的，可以参阅上文所提及的《评论季刊》所刊载之论文。

_____

　　①　根据《1834 年济贫法》第 71 条之规定："在该法颁布后，未满十六周岁的非婚生子女因其母亲而享有相同的定居权，皆有权享有独立的居住权，而母亲只要属于未婚或者寡妇，即有义务将未满十六周岁的非婚生子女作为家庭成员之一进行抚养，而给予未满十六周岁的非婚生子女的所有救济都将被视为是给予其母亲（而作为借款需要进行偿还），其母亲的抚养责任将在子女结婚后终止。"——译者注

里夫(Reeve)①告诉我,新法的最终目的在于成功地废止了"院外救济"(outdoor relief)。穷人们并不愿意进入"济贫院",并对院内严苛的管理心生愤恨,而入院即意味着失去一切权利。但该法的最终目的要想实现,仍必须新建或者扩建已有的"济贫院"(poor houses),而上述任何一种方案似乎都难以落实。

* * *

新济贫法,颁布于 1834 年 8 月 14 日②

两位治安法官有权要求雇主将部分报酬交给济贫官员(第58条)。

关于"定居权"(Settlement)的规则被简化(第 64 条至第 69 条)。

旧法关于"非婚生子女"(Bastards)的规定均被废止(第 69 条)。

新(非婚生子女的救济)制度(第 71 条至第 77 条)。

由此,关于权力的三项规则:

(1)济贫法专员由国王委任;

(2)地方(济贫)官员由选举产生;

(3)治安法官……

"济贫管理人"(Guardian of the poor)由纳税人选举产生(第38条)。

济贫法专员负责确定济贫管理人的数量和制定他们所需承担的

---

① 此处的"里夫"应当是指"亨利·里夫"(Henry Reeve),他与西尼尔均是托克维尔在英国的终生挚友,也是托克维尔的名著《论美国的民主》的英文本译者。他与托克维尔关于《1834 年济贫法》的探讨可见于 Alexis de Tocqueville, *Journeys to England and Ireland*, translated by George Lawrence and K. P. Mayer, edited by J. P. Mayer, Routledge Press, 2017. pp. 75—77.——译者注

② 托克维尔在此部分使用法语表述,部分使用英语表述。——译者注

义务,以及如若不具备则无法担任济贫管理人的任职条件。

在教区联盟中,每一个教区至少应当拥有一位济贫管理人。济贫管理人每年通过选举产生。纳税人根据他的纳税情况而享有两次、最多三次投票权(第40条)。

济贫法专员负责制定规则、发布命令和拟定规章。治安法官负责处罚违反上述法律得行为(第43条至第54条)。

父亲、母亲、祖父和祖母负有抚养十六周岁以下子女的义务。

父亲承担抚养未婚生育子女的义务。

救济被视为一种借款。

借款并非由受救济人直接偿还……

中央法院(Central Courts of Justice):

衡平法院(The Court of Chancery)。

"自制力"(Possessiveness)则是英国人的首要特质。

三、济贫法在诺曼底①

（我们必须避免）……鼓励恶行以及在济贫时表现的缺乏远见。

当一位高尚的人不可避免地沦为穷人之时，尽管如此的概率在我们之中极小，但救济（制度）仍然应当在考虑到如此概率的基础上相应建立起来。

一旦上述基本原则被广泛地认同之后，那么就不难发现遵循这一原则将会产生什么样的影响。

在城镇中，我认为需要"以消灭流浪和乞讨"为名（称）建立志愿性的城镇社团（associations communales）。这些社团不应当具备任何政治色彩，它们的目的仅仅在于阻止那些对任何各方都有害之恶行，为此就需要平等地邀请各方都参与其中。他们（团结在一起）既不应敌视于政府，但也应独立于政府。

因而，这些社团的活动范围不应过广，每个社团不应联合超过两到三个城镇。那些仅仅与单一的城镇建立联合关系的社团则必然更受欢迎。

这类社团将由每一位愿意支付任意金额以救济本市穷人的

----

① 《济贫法在诺曼底》（*Lettre sur le paupèrisme en Normandie*）实际上是托克维尔写给亲友的信件，信件保存下来的内容并不完整（现存的应当是信件的下半部分），其写作的时间也相应不明，但极有可能是在撰写《再论济贫法》前后所写。本文的法文版被收录在《托克维尔全集》第 16 卷当中，See *Oeuvres complètes*，Tome 16：Mélanges，Paris，Gallimard，1989。而该文的英译本 See Alexis de Tocqueville，*Memoirs on Pauperism and other Writings*，Edited and translated by Christine Dunn Henderson，University of Notre Dame Press，2021。本文在翻译过程中综合参考了上述各个版本。——译者注

居民组成。

所有的社团成员应当每年至少进行一次年度集会,并从他们之间任命三、五或七位成员(这需要根据诚镇的规模来予以确定)组成一个委员会,并根据我已经提出的方案发放救济(金)。所有的这些捐赠者,无论他们曾经捐赠了多少资金,均有权被选举成为执行委员会的一员。在每年完成履职周期之前,委员会的成员需要向捐赠者报告捐赠资金的使用情况,他们的行为则将受到继任者的监督。

如果社团的成员在此过程中陷入贫困,他们有权利在其他人之前优先获得救济。

在每年固定的时间,每个委员会将选派的一位成员前往瑟堡。在那里,每个委员会交流他们上一年度的工作情况,依据那些文件形成一份概况报告,并在附上所有捐赠者的名单之后予以出版。

我们可以用更为简单的语言来描绘出这样一套制度所带来的好处。

一方面,人们没有必要担心如此的社团会增加穷人的数量。因为没有人事先能够断定可以获得社团成员的救济,毕竟社团成员可以根据自己的意愿自由地决定是否给予捐赠。

也没有人会愿意冒险将慈善变成一种无法承受的负担,毕竟没有人有义务始终坚守在这样的一个社团之中。

另一方面,社团成员和城镇将会从这样的一套制度中获得明显的好处。

从个人角度来说,现今一个人不愿意捐赠可能是因为他所拥有的财产只允许他进行少量的捐赠,而这少量的捐赠(对于大量的穷人来说)无济于事,而他愿意捐赠给社团则是因为他的捐赠将能够进一步充实公共基金,进而使得由捐赠所形成的基金更为有效地救济那些邻里中遭受不幸的穷人。事实上,一旦这样的社团被有效地建立起来,甚至穷人自己都会将夏季时的收获交到社团手上以期能够享用到冬天时的收益。那些在农村里的穷人所做的将会如同城镇里的穷人将钱存入储蓄银行一样……对他们而言,富有的农场主也不再需要进行更多捐赠,因为如此社团的慈善活动相比私人的慈善活动将更具规模也将更有成效,这不仅将使穷人的数量变得更少,还将使所需救济的金额变得更少。

同时,由于所募集的资金将根据早已制订的计划系统地予以使用,因而看似很少的捐赠也可以救济众多的穷人。而慈善的这种变化其实在工业领域每日都在发生,现代工业正是由诸多仅仅拥有少数财产的个体通过少量出资并联合后所逐步建立起来的。

因此,在那些已经建立社团的城镇,我们首先会发现那些赤贫之人的消失对富人财富的威胁远甚于穷人尚存在时所带来的威胁。因为富人必须明白,上天已经将他们与穷人们联系在了一起,世间也根本没有无缘无故的不幸。因而,城镇中各种盗窃和混乱之所以越来越少,是因为那些急需救济的穷人已然越来越少。

因为社团需要遵循固定的程序,并且可以自由地拒绝捐赠。社团如同私人慈善那样不允许随意挥霍其财产。而如果它能够为穷人创造工作,这无疑将有利于城镇的发展。

城镇还能从我所提出的社团体系中获得另一个方面的好处:由于所建立的社团在使用捐赠时可以要求接收者不得外出乞讨,我们可以发现这一曾使穷人颜面扫地的陋习将销声匿迹,而乞讨的陋习不仅会腐化孩童,而且还往往会使这些穷人的子女进一步堕落成为盗贼。如果穷人不屑于接收社团的慈善捐赠,反而中意于那极尽羞耻而又朝不保夕的乞讨,那么没有人将再有任何道德的义务来救助这样的穷人,而如果他执意要继续进行如此丑恶的行径,那么禁止乞讨的严苛法律将毫不留情地对他做出严惩。

除此之外,一旦社团在城镇中建立起来,这些城镇的居民就会将那些非居民的穷人驱赶走。这是因为,为了更好地救济穷人,必须坚持其他城镇也应相似行事(建立救济制度)。因此,某个已经建立此类社团的城镇之居民也就能够合理、合法地拒绝救济那些并非(本城镇)居民的穷人,而市长则应当严格使用法律所赋予他的权力,合法地将他们赶出自己管理的城镇。

如果我以上所说的社团体系可以在一个地区中被广泛建立,同时上级政府也能够采取相应的举措,而法院也能毫不迟疑地惩戒那些希望通过向人们乞讨而苟活的违法流浪者,那么他们将根本不会有任何想来的念头。在靠近巴黎的城镇马勒伊(Mareuil),一群有产者团结在一起建立了社团(尽管是为了特定目的)。他们不仅驱赶走了那些并非本地居民的乞讨者,而且从那以后,他们也不再和那些非本地居民的乞讨者交谈。这些外地的乞讨者知道他们没有希望获得任何救济之后,也自然而然地不会再来乞讨。从那时起,这个城镇再也没有发生过任何盗窃行为。

德·文德［?］①先生（M. de Windé［?］）撰写了大量关于乞讨的优秀作品，您有必要认真阅读。爱德华（Édouard）②……肯定已经将它们寄给了您。

---

① 此处的问号是托克维尔自己所加，可能是源于不确定人名。——译者注
② 此处的爱德华应该是指托克维尔的兄弟爱德华·德·托克维尔（Édouard de Tocqueville）。——译者注

译后记

翻译智者之作无疑乃乐事。

托克维尔作为 19 世纪最伟大的政治哲学家之一,他那些耳熟能详的名著如《论美国的民主》《旧制度与大革命》早已列入了每一位研习政法理论的学者的必读书目之中,我本人在研究生期间也购入了各种版本以示不落俗套。但鉴于当时有限的水平,对于这些著作也仅仅是纸上飞过、点到为止,根本谈不上有深入的研读和反复的思索,如若不是日后的机缘巧合,我和《论济贫法》(*Mémoire sur le paupérisme*)真可能无缘相见。

2020 年春节前后无疑是一段令人终生难忘的时光,居家隔离也给了我充足的阅读时间以暂时忘却疫情的袭扰。但两耳不闻窗外事显然也不符合我的性格,更与我的研究志趣相悖,而当时的我基于反思疫情救援过程中的种种问题,选择追溯作为现代社会福利法律制度缘起的济贫法(Poor Law),试图重新梳理国家救济义务和公民生存权利的历史缘起及其沿革历程。在查阅早期济贫法的历史资料时,我专门研究了作为《1834 年济贫法》起草人——英国政治经济学家拿索·威廉·西尼尔(Nassau William Senior)的学术论著,并偶然发现了他与托克维尔的《书信和对话集》(*Correspondence and Conversations of A. de Tocqueville*)。而这部记载了两人数十年友谊的两卷本集录很快引起了我的好奇心，并促使我去翻阅探知两位著名的学者究竟探讨了哪些重要的话题，尤其是是否涉及了西尼尔潜心研究、试图推动完善的济贫法。结果无疑是令人惊讶的，托克维尔与西尼尔不仅结"缘"于济贫法，而且对该法的探讨占据了两人早期书信往来的大部分，特别是当托克维尔致信西尼尔提到了《论济贫法》一文之后，我更是迫切地想知道这位对美国的(新)民主和法国的(旧)制度有着深刻解读的学者，究竟是如何看待这部极具英国特色的法律。

随后就是急切地搜寻，我很快找到了 1997 年由格特鲁德·辛梅尔法布(Gertrude Himmelfarb)教授作序，西蒙·德雷舍(Seymour Drescher)教授翻译的《论济贫法》(*Alexis de Tocqueville's Memoir on Pauperism*)英译本，该译本是对后者在 1968 年翻译出版的首个英译本之再版。以上英译本在国外流传甚广，也相对较为权威。而当我开始阅读之后，也很快被托克维尔对济贫法律制度作为"法定慈善"存在的种种问题所进行的精妙剖析吸引，但在感叹之余更大的惊喜则是发现托克维尔还撰写了该文的续篇《再论济贫法》(*Second mémoire sur le paupérisme*)，并如他所述，续篇才是他系统探讨如何解决"贫困问题"之作，此时，我又再次开始了迫切地搜寻。

但《再论济贫法》一文的搜寻过程明显更为曲折，由于该文直到 1989 年才在法文版《托克维尔全集》(*Oeuvres complètes*)第十六卷中正式公开出版，在网络上流传较广仅有 2016 年由莱比锡大学的尼科斯·普萨罗斯(Nikos Psarros)教授所翻译的《再论济贫法》(*Second Memoir on Pauperism*)英译本,好在该版译本被译者公开在网站中允许自由下载,这才让我有了立马一睹为快的机会。然而,当我很快阅读完这一续篇之后,最为直接的感受则是托克维尔似乎欲言又止,让人感到深深的意犹未尽。但好在我还发现托克维尔曾写过《济贫法在美国》《济贫法在英国》《济贫法在诺曼底》共三篇笔记和书信,第一篇笔记《济贫法在美国》(原名为:*Paupérisme en Amérique*)作为附录收入在他与古斯塔夫·德·博蒙特先生(Gustave de Beaumont)合著的《论美国的监狱制度及其在法国的应用》(*Du Système pénitentiaire aux États-Unis et de son application en France*)一书中,而由于该书流传较广也使得该文较易获得;第二篇笔记《济贫法在英国》(原名为:*The Poor. Examination of the Law of 14th August* 1834)则作为附录曾被收录在雅各布·彼得·迈耶(Jacob Peter Mayer)教授(他本人也是法文版《托克维尔全集》主编)编辑的托克维尔《英国与爱尔兰行记》(*Journeys to England and Ireland*)中,而该行记分别在 Taylor、Francis(1988)和 Routledge(2017)出版社前后出版,因此获得也非难事;但第三篇书信《济贫法在诺曼底》(原名为:*Lettre sur le paupèrisme en Normandie*)则只收录在最为完整,也最为权威的法文版《托克维尔全集》,其寻找则可谓困难重重。

最终,我托故友在法国购得了法文版《托克维尔全集》,并在经历了四个月的漂洋过海之后,收到了其中的第四卷(Tome IV)和第十六卷(Tome XVI),前者包含了《济贫法在美国》,后者则包含了《论济贫法》《再论济贫法》与《济贫法在诺曼底》等文。而当我如获至宝般地翻阅上述文献时,脑海中突然出现了如此的念头:为何不将上述文献整理翻译出版?事实上,上述文献以及与立法者的书信集,已经能够全面地展示出托克维尔对济贫法问题的研究历程和重要观点。

我很快将想法告诉了我的导师林来梵教授和师姐朱玉霞博士,两人也很快表达了肯定和支持,尤其是朱师姐就职于清华大学出版社,她热情地邀请我翻译完成后在社里出版。至此之后,翻译工作正式开始,我先将托克维尔的《论济贫法》与《再论济贫法》翻译编为本书的上编,再将托克维尔与西尼尔《书信和对话集》中有关济贫法的书信进行翻译、摘编成为本书的下编,并将托克维尔另外撰写的《济贫法在美国》《济贫法在英国》《济贫法在诺曼底》三篇笔记作为附录,以上三部分也就构成了本书的核心内容。

但翻译也实乃苦事,虽然我在获得《论济贫法》一文时已进行了初步翻译,且上述诸文所研究的内容也是我本人较为熟悉的英国济贫法律制度。但在对照各个版本之后,仍然会发现诸多差异,要想准确翻译往往需要不断地前后对照,逐字逐句地理解其中含义。而在遇到各个版本之间差异较大的某些地方,我最终仍然会以法文版全集为标准,以求更为准确地表述托克维尔的原意。坦率地说,我的法语正是在如此的折磨中才有了些许进步。

在翻译过程中也曾出现过一段小插曲,我偶然听说新加坡管理大学的克里斯汀·邓恩·亨德森(Christine Dunn Henderson)教授将要编译出版《论济贫法及其他作品》(*Memoirs on Pauperism and other Writings*)一书。在该书出版后我第一时间购得了,在阅读后发现亨德森教授与本书的思路基本一致,同样是将托克维尔涉及济贫法研究的《论济贫法》《再论济贫法》《济贫法在美国》《济贫法在诺曼底》四篇论著进行编辑翻译出版,但与本书相比其并没有包含"与立法者《书信和对话集》"的内容。应当说该书的出版说明英语学界对于托克维尔在济贫法问题上的研究仍有较高的关注度,这也坚定了我翻译出版中译本的信心。

此后我加快了翻译的进度,其间我的学生李倬细致阅读了所有翻译,并对于其中的用词和语病等问题提出了诸多修改意见,还参与翻译了《1834 年济贫法》的部分法条内容,展现出了她极为优异的学术潜质。同时对于翻译过程中的一些法文难点,我还求教了学院同事曾俊博士和李琴博士,两位优秀的年轻博士都曾有过留法经历,均能够熟读法文著作,她们在审读过程中也提出了诸多的完善建议。正是在她们的帮助下,本书最终在 2022 年底完成了所有翻译。

但鉴于本人水平有限,翻译之中必然存误,在恳请读者们包容原谅的同时,也希望各位不吝赐教予以指出。总之,感谢每一位阅读本书之人,也感恩每一位在我学术道路上给予我知识之人。

智者终将逝去,真理则将永存!

吕 鑫

西溪且留下

2022 年 12 月 15 日